Análise
econômico-financeira
de empresas

Central de Qualidade — FGV Management
ouvidoria@fgv.br

SÉRIE GESTÃO FINANCEIRA, CONTROLADORIA E AUDITORIA

Análise econômico-financeira de empresas

3ª edição

Luiz Guilherme Tinoco Aboim Costa

Andréia Fátima Fernandes Limeira

Hiram de Melo Gonçalves

Ueliton Tarcisio de Carvalho

Copyright © 2011 Luiz Guilherme Tinoco Aboim Costa, Andréia Fátima Fernandes Limeira, Hiram de Melo Gonçalves, Ueliton Tarcisio de Carvalho

Direitos desta edição reservados à
EDITORA FGV
Rua Jornalista Orlando Dantas, 37
22231-010 — Rio de Janeiro, RJ — Brasil
Tels.: 0800-021-7777 — 21-3799-4427
Fax: 21-3799-4430
e-mail: editora@fgv.br — pedidoseditora@fgv.br
www.fgv.br/editora

Impresso no Brasil / Printed in Brazil

Todos os direitos reservados. A reprodução não autorizada desta publicação, no todo ou em parte, constitui violação do copyright (Lei nº 9.610/98).

Os conceitos emitidos neste livro são de inteira responsabilidade dos autores.

1ª edição — 2008; 1ª e 2ª reimpressões — 2008; 3ª reimpressão — 2009; 2ª edição — 2011; 1ª, 2ª e 3ª reimpressões — 2010; 3ª edição — 2011; 1ª reimpressão — 2011; 2ª e 3ª reimpressões — 2012; 4ª, 5ª e 6ª reimpressões — 2013; 7ª, 8ª e 9ª reimpressões — 2014; 10ª reimpressão — 2015; 11ª reimpressão — 2016.

Preparação de originais: Claudia Gouvêa e Sandra Maciel Frank
Editoração eletrônica: FA Editoração Eletrônica
Revisão: Sandro Gomes dos Santos
Capa: aspecto:design
Ilustração de capa: André Bethlem

    Costa, Luiz Guilherme Tinoco Aboim.
        Análise econômico-financeira de empresas / Luiz Guilherme Tinoco Aboim Costa... [et al.]. — 3.ed. — Rio de Janeiro: Editora FGV, 2011.
        158 p. — (Gestão financeira, controladoria e auditoria (FGV Management))

        Em colaboração com: Andréia Fátima Fernandes Limeira, Hiram de Melo Gonçalves e Ueliton Tarcisio de Carvalho.
    Publicações FGV Management.
    Inclui bibliografia.
    ISBN: 978-85-225-0885-3

        1. Administração financeira. I. Limeira, Andréia Fátima Fernandes. II. Gonçalves, Hiram de Melo. III. Carvalho, Ueliton Tarcisio de. IV. FGV Management. V. Fundação Getulio Vargas. VI. Título. VII. Série.

                                            CDD-658.15

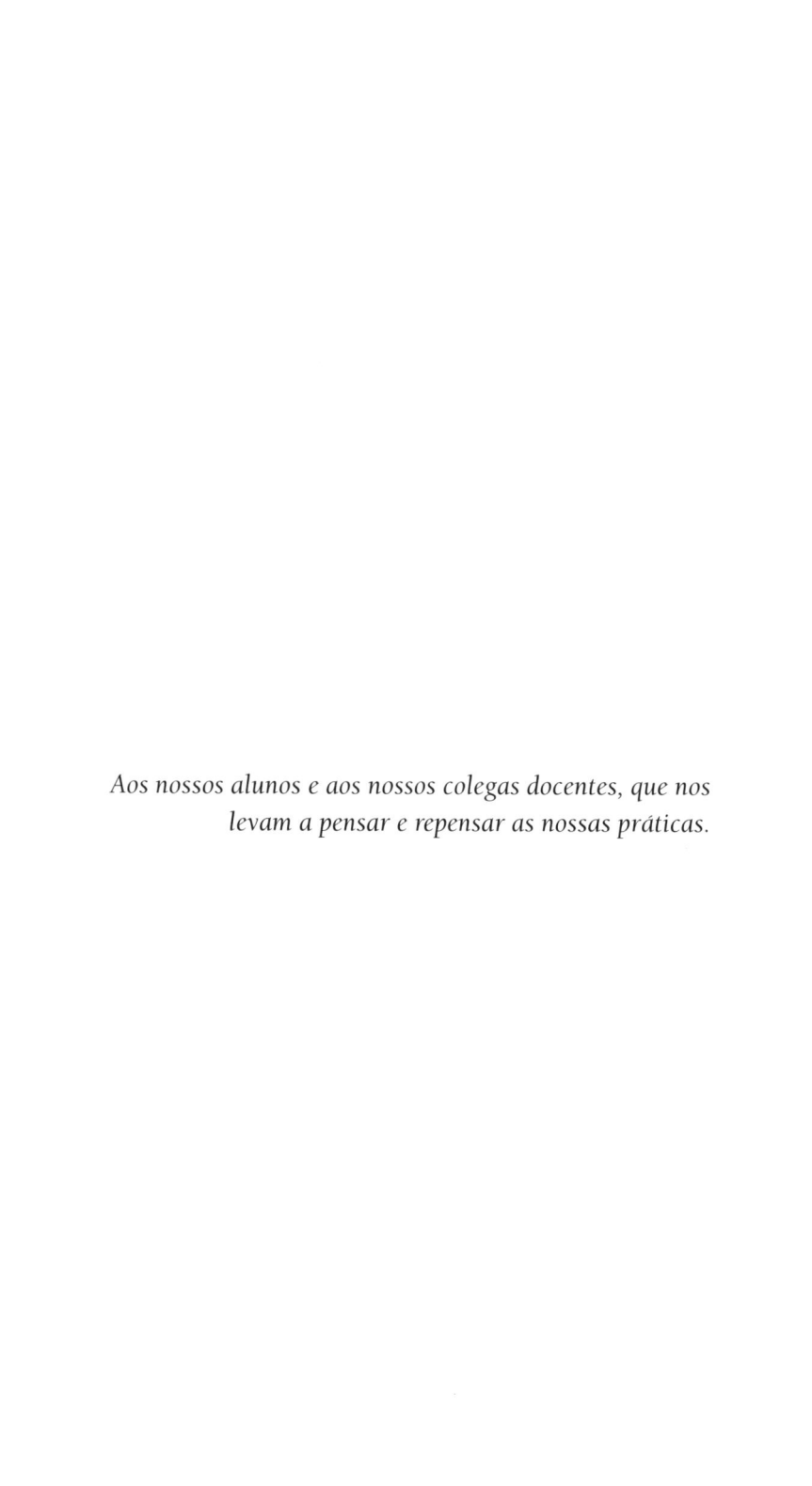

Aos nossos alunos e aos nossos colegas docentes, que nos levam a pensar e repensar as nossas práticas.

Sumário

Apresentação 9

Introdução 13

1 | **Aspectos gerais da análise econômico-financeira** 15
   Objetivo da análise 15
   Considerações finais 29

2 | **Demonstrações financeiras úteis para análise** 31
   Balanço patrimonial 31
   Demonstração de resultados do exercício 37
   Demonstração do fluxo de caixa 39
   Outras demonstrações e informações úteis 46
   Ajustes para efeito de análise 50
   Considerações finais 52

3 | **Instrumentos preliminares de análise** 53
   Análises horizontal e vertical 53
   Considerações finais 62

4 | Análise de indicadores convencionais 63

Índices de estrutura patrimonial 64

Índices de cobertura 77

Estudo da alavancagem operacional e financeira 78

Considerações finais 86

5 | Análise da dinâmica financeira das empresas 87

As bases conceituais de um modelo integrado de análise 87

A necessidade de capital de giro 88

Riscos conjuntural e estrutural 98

Desequilíbrios conjunturais e estruturais 106

6 | Análise do desempenho econômico 111

Objetivo da análise do desempenho econômico 112

Indicadores de rentabilidade 113

Alavancagem financeira sobre o retorno do capital próprio 124

Valor econômico adicionado 128

Valor de mercado agregado ou *market value added* (MVA®) 149

Considerações finais 150

Conclusão 151

Referências 153

Os autores 157

Apresentação

Este livro compõe as Publicações FGV Management, programa de educação continuada da Fundação Getulio Vargas (FGV). Instituição de direito privado com mais de meio século de existência, a FGV vem gerando conhecimento por meio da pesquisa, transmitindo informações e formando habilidades por meio da educação, prestando assistência técnica às organizações e contribuindo para um Brasil sustentável e competitivo no cenário internacional.

A estrutura acadêmica da FGV é composta por oito escolas e institutos: a Escola Brasileira de Administração Pública e de Empresas (Ebape), dirigida pelo professor Flavio Carvalho de Vasconcelos; a Escola de Administração de Empresas de São Paulo (Eaesp), dirigida pela professora Maria Tereza Leme Fleury; a Escola de Pós-Graduação em Economia (EPGE), dirigida pelo professor Renato Fragelli Cardoso; o Centro de Pesquisa e Documentação de História Contemporânea do Brasil (Cpdoc), dirigido pelo professor Celso Castro; a Escola de Direito de São Paulo (Direito GV), dirigida pelo professor Ary Oswaldo Mattos Filho; a Escola de Direito do Rio de Janeiro (Direito Rio), dirigida pelo professor Joaquim Falcão; a Escola de Economia de São Paulo (Eesp), dirigida pelo professor Yoshiaki Nakano; o Instituto Brasileiro de Economia (Ibre), dirigido pelo professor Luiz Guilherme Schymura de Oliveira. São diversas unidades com a marca FGV, trabalhando com a mesma filosofia: gerar e disseminar o conhecimento pelo país.

Dentro de suas áreas específicas de conhecimento, cada escola é responsável pela criação e elaboração dos cursos oferecidos pelo Instituto de Desenvolvimento Educacional (IDE), criado em 2003 com o objetivo de coordenar e gerenciar uma rede de distribuição única para os produtos e serviços educacionais da FGV, por meio de suas escolas. Dirigido pelo professor Clovis de Faro e contando com a direção acadêmica do professor Carlos Osmar Bertero, o IDE engloba o programa FGV Management e sua rede conveniada, distribuída em todo o país (ver www.fgv.br/fgvmanagement), o programa de ensino a distância FGV Online (ver www.fgv.br/fgvonline), a Central de Qualidade e Inteligência de Negócios e o Programa de Cursos In Company. Por meio de seus programas, o IDE desenvolve soluções em educação presencial e a distância e em treinamento corporativo customizado, prestando apoio efetivo à rede FGV, de acordo com os padrões de excelência da instituição.

Este livro representa mais um esforço da FGV em socializar seu aprendizado e suas conquistas. Ele é escrito por professores do FGV Management, profissionais de reconhecida competência acadêmica e prática, o que torna possível atender às demandas do mercado, tendo como suporte sólida fundamentação teórica.

A FGV espera, com mais essa iniciativa, oferecer a estudantes, gestores, técnicos — a todos, enfim, que têm internalizado o conceito de educação continuada, tão relevante nesta era do conhecimento — insumos que, agregados às suas práticas, possam contribuir para sua especialização, atualização e aperfeiçoamento.

Clovis de Faro
Diretor do Instituto de Desenvolvimento Educacional

Ricardo Spinelli de Carvalho
Diretor Executivo do FGV Management

Sylvia Constant Vergara
Coordenadora das Publicações FGV Management

Introdução

Este livro reúne informações sobre as mais utilizadas técnicas de análise econômico-financeira de empresas. Seu conteúdo contempla tanto o conjunto de premissas que suportam cada uma dessas técnicas, quanto a aplicação das mesmas sobre as informações financeiras de uma empresa hipotética, aqui usada como exemplo.

No primeiro capítulo deste livro são abordados os aspectos gerais da análise econômico-financeira, contemplando desde o objetivo da análise até a informação sobre seus principais componentes.

No segundo capítulo são enfocadas as estruturas das principais demonstrações financeiras: balanço patrimonial, demonstração de resultados do exercício, demonstração das mutações do patrimônio líquido, demonstração do fluxo de caixa e demonstração do valor adicionado, com o objetivo de evidenciar a importância da utilização da informação contida em cada uma delas para o esclarecimento da real capacidade econômico-financeira da empresa analisada.

O terceiro capítulo introduz os primeiros conceitos de análise econômico-financeira. Nele são contemplados os conceitos de análise horizontal e análise vertical — que pretendem ser uma leitura das transformações da estrutura patrimonial e da estrutura dos resultados obtidos pela empresa — ocorridas em um período de tempo especificado.

O quarto capítulo trata da análise por meio dos índices convencionais, que procuram descrever como evoluíram a capacidade de pagamento (análise convencional de liquidez), os graus de alavancagem operacional, financeira e total, e o grau de endividamento do empreendimento.

O quinto capítulo sugere uma leitura da estrutura patrimonial de modo que se obtenha uma visão dinâmica das capacidades de sobrevivência e de crescimento, no longo prazo, da empresa analisada. Nele são enfocados os conceitos de capital de giro disponível (CDG), necessidade de capital de giro (NCG), saldo de tesouraria (T), efeito "tesoura", entre outros.

O sexto capítulo trata da análise do desempenho econômico, contemplando análise por meio de indicadores de rentabilidade, como o retorno sobre o capital empregado e a rentabilidade sobre o capital próprio, e avança no conceito de riqueza adicionada medida pelo método denominado *economic value added* (EVA®).

Concluindo, procuramos mostrar a importância da análise financeira e do desempenho econômico da empresa não apenas para os profissionais envolvidos na sua gestão financeira, mas também para aqueles que estão fora da organização, com destaque para instituições financeiras e investidores em ações.

1

Aspectos gerais da análise econômico-financeira

Objetivo da análise

Quando analisamos uma empresa nos atributos econômicos e financeiros, estamos verificando, por meio de índices, a sua performance quanto à competitividade na indústria e quanto à capacidade de pagar suas obrigações.

A análise econômico-financeira tem por objetivo extrair informações das demonstrações financeiras e dos demais relatórios dos últimos anos, a fim de interpretar, em termos quantitativos, o efeito das decisões (investimentos, operações e financiamentos) tomadas pela empresa.

Ao analisarmos uma companhia, estamos comparando dados com o intuito de poder tirar conclusões a respeito das situações econômica e financeira da empresa. Por exemplo, o lucro da atividade de uma empresa num certo ano não tem significado se for analisado isoladamente. No entanto, ao compararmos os lucros obtidos no passado com o montante de capital empregado na sua obtenção (ativo), temos a rentabilidade do capital empregado na empresa. E, mais ainda, se compararmos essa rentabilidade com o custo do capital empregado, passamos a ter informações relevantes, como, por exemplo, se a empresa vem agregando ou destruindo riqueza para os acionistas.

Nunca devemos analisar uma empresa olhando para um único índice, pois algumas vezes um índice isolado pode nos levar a uma conclusão oposta à real situação dela. Ou seja, o relatório da análise não deve se basear em um ou outro índice, mas sim num conjunto deles, relacionados entre si, para que possamos entender o que vem ocorrendo com a empresa.

Também é fundamental considerarmos as condições setoriais e macroeconômicas, pois um índice pode ser considerado bom para uma certa empresa, num determinado momento, e não ser tão bom, ou até mesmo ser ruim, para uma outra empresa.

Devemos também acompanhar a evolução temporal dos índices, isto é, comparar os dados ao longo do tempo. Por exemplo: uma empresa, mesmo tendo índices abaixo da média setorial num determinado momento, pode ter tido significativas melhoras nos últimos anos. Isto é um ponto positivo, e tal evolução favorável deve ser mencionada no parecer de análise.

Por sua vez, a performance econômico-financeira da empresa é consequência da correta implementação de um caminho estratégico visando garantir e melhorar a posição relativa que a empresa ocupa na sua indústria. Portanto, quando analisamos a performance de uma empresa, devemos sempre compará-la com as demais empresas participantes de seu setor econômico. As posições econômicas e financeiras serão sempre relativas às situações das demais empresas concorrentes ou que participam do mesmo mercado.

Em função da análise de tendência de indicadores de uma empresa, podemos até diagnosticar que sua situação econômica ou financeira está melhorando ou piorando, porém esta análise nunca será verdadeiramente completa se não a compararmos com as demais empresas participantes de seu mercado.

Situação econômica

A situação econômica de uma empresa expressa o seu grau de competitividade na indústria. Uma situação econômica boa significa que a empresa é competitiva e as chances de permanecer gerando valor para acionistas e continuar no mercado são grandes.

O grau de competitividade da empresa na sua indústria é medido por três vetores interdependentes: rentabilidade do ativo, participação no mercado e quantidade de conhecimento. Esses três vetores formam entre si três matrizes, conforme mostra a figura 1.

Figura 1
MATRIZES DE AVALIAÇÃO DA SITUAÇÃO ECONÔMICA

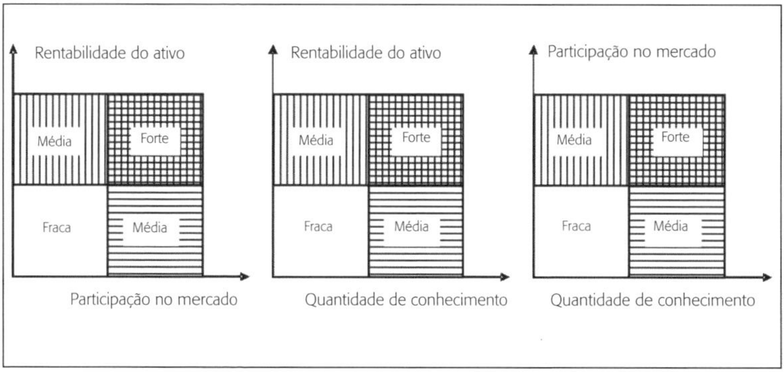

Rentabilidade do ativo	Rentabilidade do ativo	Participação no mercado
Média / Forte	Média / Forte	Média / Forte
Fraca / Média	Fraca / Média	Fraca / Média
Participação no mercado	Quantidade de conhecimento	Quantidade de conhecimento

Rentabilidade do ativo

Também chamada de taxa de retorno, a rentabilidade do ativo é o mais importante índice de performance econômica, pois avalia o resultado das decisões operacionais (lucro) combinado com o resultado das decisões de investimento (ativo).

Participação no mercado

Quando Newton[1] definiu, em sua teoria, que "dois corpos não podem ocupar o mesmo lugar no espaço", estava também dando uma contribuição ao estudo da estratégia, pois, considerando que os mercados possuem um determinado tamanho e que o somatório das participações no mercado de todas as empresas "ofertantes" não ultrapassa o valor de 100%, quando uma empresa aumenta sua participação, alguma ou várias outras empresas estarão perdendo clientes ou receita de vendas.

O índice de participação no mercado complementa a análise da rentabilidade do ativo e pode se tornar preocupante, já que uma empresa ganhar rentabilidade do ativo à custa de perda continuada de participação de mercado indica perda de competitividade.

Quantidade de conhecimento

Os ativos intangíveis representam atualmente a maior parcela do valor de mercado das empresas.

Quando empresas como Itaú BBA (www.itaubba.com.br), USB Warburg (www.usbwarburg.com) e Banco Pactual (www.bancopactual.com.br) desenvolveram um trabalho em conjunto para mensurar o valor da fabricante de cosméticos Natura (www.natura.net), por ocasião do seu processo de abertura de capital, foi muito difícil prever a correta visão do investidor sobre o valor real da companhia. Não há processos objetivos, hoje, que estabeleçam com precisão esse valor.

Não obstante existirem vários indicadores de quantidade de conhecimento na empresa, um índice que resume, de forma

---

[1] Newton, 1687.

objetiva, essa questão é QC = VM/VC, em que: QC = quantidade de conhecimento; VM = valor de mercado; e VC = valor contábil.

Posicionamento econômico da empresa

Quando definimos o posicionamento da empresa em relação aos três vetores considerados — rentabilidade do ativo, participação no mercado e quantidade de conhecimento —, podemos, finalmente, definir quatro situações econômicas possíveis: péssima, ruim, boa e ótima.

❑ Situação econômica péssima — quando a empresa apresenta posição abaixo da média do setor nos três vetores considerados.

Figura 2
SITUAÇÃO ECONÔMICA PÉSSIMA

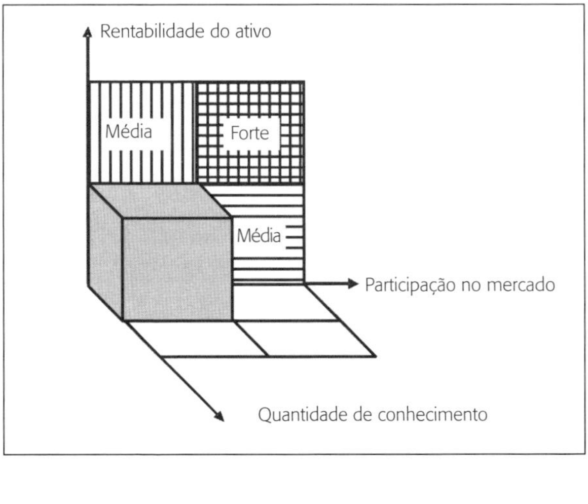

❑ Situação econômica ruim — quando a empresa apresenta posições abaixo da média do setor em dois vetores e acima da média do setor em um vetor.

Figura 3
SITUAÇÃO ECONÔMICA RUIM

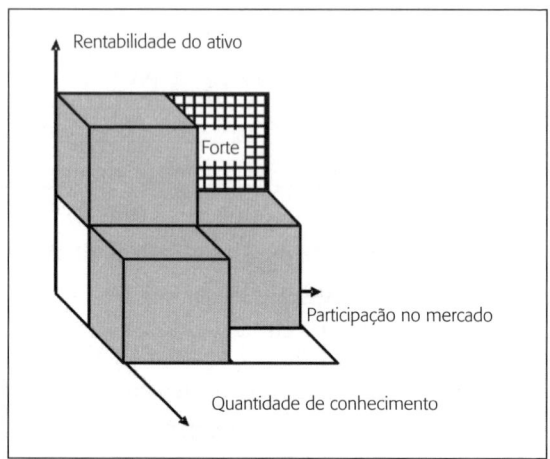

- Situação econômica boa — quando a empresa possui dois vetores com posição acima da média do setor e um abaixo da média do setor.

Figura 4
SITUAÇÃO ECONÔMICA BOA

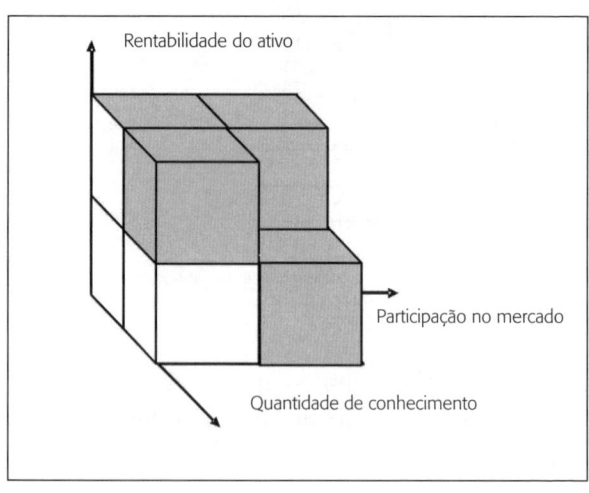

❏ Situação econômica ótima — quando os três vetores se encontram em posição acima da média do setor.

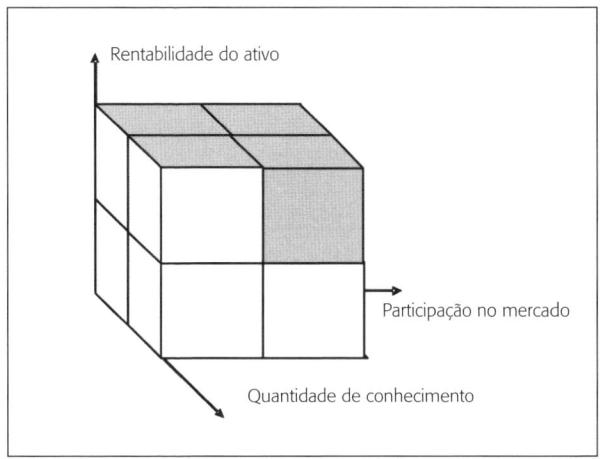

Figura 5
SITUAÇÃO ECONÔMICA ÓTIMA

Caminhos estratégicos

No processo de gestão estratégica, as empresas avaliam, por meio de um diagnóstico estratégico, os cenários, as oportunidades e ameaças, os pontos fortes e fracos e as alternativas viáveis para alcançar as expectativas e os objetivos dos proprietários ou sócios.

Verificando, inicialmente, a posição econômica atual em relação às demais empresas participantes do setor econômico, e desenvolvendo uma visão de posição futura almejada, as empresas definem caminhos estratégicos de médio e longo prazos. Portanto, quando verificamos as situações econômica e financeira das empresas, devemos sempre observar que essas são consequências de caminhos estratégicos escolhidos por elas.

Estes caminhos representam o contexto e, ao mesmo tempo, as causas da performance das empresas.

Muitas vezes uma empresa possui excelentes estratégias para avançar economicamente nos mercados em que atua, porém não consegue implementá-las por motivos diversos. Bons resultados econômicos e financeiros não dependem apenas de boas estratégias, mas de suas implementações.

Inter-relação entre estratégia e situação financeira

Para o desenvolvimento da estratégia e a consecução dos objetivos estabelecidos, a empresa toma diversas decisões, as quais podem ser classificadas em decisões de investimento, operacionais e de financiamento.

As decisões de investimento podem ser táticas ou de curto prazo, quando estabelecem os investimentos em giro, em caixa, contas a receber ou estoques; ou estratégicas de longo prazo, quando há investimento em instalações físicas para alteração da capacidade, ações de outras empresas visando coalizões, eficiência no ciclo do produto ou valores únicos ofertados ao cliente. As decisões de investimentos são evidenciadas no ativo da empresa.

As decisões operacionais ocorrem na definição do *mix* de comercialização e na política de preços impactando a receita, bem como no esforço para a geração de resultados pelas diversas funções da empresa (produção, administração, vendas etc.). As decisões operacionais são evidenciadas na demonstração do resultado do exercício.

As decisões de financiamento ou fontes de recurso podem ocorrer sobre recursos de terceiros, de curto ou longo prazo, ou em recursos próprios. Estas decisões são demonstradas no passivo.

As decisões de investimentos, operacionais e de financiamento possuem reflexos no caixa da empresa. Por este motivo, a evolução dos saldos do disponível, conforme a repercussão das decisões operacionais, de investimento e de financiamento, é demonstrada no fluxo de caixa (método indireto), que discutiremos no próximo capítulo deste livro.

A base para uma gestão eficiente é desenvolver e manter um conjunto coerente de estratégias empresariais, com objetivos bem-definidos de investimentos, com o estabelecimento de metas operacionais, assim como de políticas de financiamentos. A situação financeira da empresa está ligada à capacidade de pagamento de suas obrigações. Uma empresa não entra em um processo falimentar por gerar prejuízos, mas por não possuir dinheiro em caixa para pagar seus credores, daí a importância da análise da sua situação financeira.

Como vimos que o caixa da empresa, evidenciado no demonstrativo do fluxo de caixa, é impactado pelas decisões de investimentos, operacionais e de financiamentos, e que essas decisões são consequência de caminhos estratégicos escolhidos, devemos então entender que, às vezes, a empresa toma decisões arriscadas que comprometem a sua situação financeira. Portanto, uma boa situação financeira não quer dizer que a empresa esteja bem economicamente, nem o contrário.

Situações econômicas e financeiras são consequências de estratégias e suas correspondentes implementações. A seguir, trataremos dos principais usuários da análise financeira.

Usuários da análise econômico-financeira

A análise das demonstrações financeiras depende do tipo de usuário, como, por exemplo, instituições financeiras, acionistas, administradores, concorrentes, clientes e fornecedores.

A principal preocupação das instituições financeiras é com a capacidade financeira da empresa, ou seja, a capacidade de gerar caixa para poder pagar juros e amortizar o principal das dívidas. Os índices mais relevantes são os de endividamento e solvência. No entanto, como costuma existir um relacionamento de longo prazo entre bancos e empresas, há também a preocupação de avaliar os índices de rentabilidade da empresa.

Os acionistas se interessam mais pela análise de rentabilidade (histórica e projetada). Quanto maior o retorno e mais estável ele for, melhor. Empresas mais arriscadas precisam gerar retornos médios mais elevados do que as menos arriscadas.

Os fornecedores se concentram mais na capacidade de pagamento das empresas no curto prazo. No entanto, se houver maior dependência do fornecedor em relação à empresa, existirá também a preocupação em avaliar os índices de rentabilidade desta.

Os clientes se preocupam com a análise de balanços de seus fornecedores quando existe uma forte dependência desse fornecedor. Nesse caso, é importante uma análise criteriosa não apenas financeira, mas também econômica da empresa.

A análise das demonstrações financeiras de concorrentes serve mais como uma análise comparativa, para que a empresa possa saber como ela está posicionada ante o setor. Os administradores se preocupam em analisar as demonstrações financeiras da empresa para poderem avaliar as decisões de investimentos, operações e financiamentos que foram tomadas no passado. É uma forma de a empresa aprender com os acertos e os erros que foram cometidos. Trata-se de um aprendizado importante que ajudará na elaboração do planejamento financeiro da empresa. A seguir desenvolveremos uma espécie de roteiro com os principais componentes da análise.

Componentes da análise

Um relatório de análise normalmente contempla os seguintes tópicos: análise macroeconômica, análise setorial, descrição da empresa, análise econômico-financeira, outras informações e conclusão. Vejamos.

Análise macroeconômica

A macroeconomia trata do comportamento da economia como um todo, com destaque para as taxas de crescimento da produção, de inflação, de câmbio, de juros, o balanço de pagamentos, a carga tributária etc. As empresas normalmente se preocupam com os seus mercados específicos (bens e serviços e de insumos). No entanto, cada um desses mercados é afetado pelas variáveis macroeconômicas. Por exemplo, uma elevação na taxa de juros diminui a demanda por bens e serviços; um aumento na taxa de câmbio pode, ao mesmo tempo, estimular as exportações, encarecer as importações (de matérias-primas ou de equipamentos) e ainda pode elevar a taxa de inflação. Nesse contexto, o acompanhamento das políticas macroeconômicas é fundamental para o bom entendimento do setor e da análise da empresa.

Análise setorial

A análise setorial visa posicionar uma determinada empresa em relação ao seu setor de atuação. Muitas vezes, ao olhar apenas para uma única companhia de forma isolada, podemos tirar conclusões equivocadas a respeito da sua real situação econômico-financeira. Por exemplo, o elevado endividamento de uma empresa do setor de energia elétrica poderia dar a ideia de que ela estaria numa situação de risco. Entretanto, após uma simples comparação desse índice com a média do setor, seria fácil concluir que a situação é absolutamente normal, devido às características inerentes ao setor, que trabalha com baixo risco operacional, permitindo, assim, assumir um maior endividamento.

Podemos registrar também que um prazo médio de estocagem (tempo médio que decorre entre a compra e a venda de mercadorias) de 60 dias pode ser considerado extremamente elevado para determinados setores (como, por exemplo, o comércio varejista), mas, em contrapartida, razoável para determinados segmentos industriais.

Na análise do setor é importante destacar os seguintes pontos:

- número de empresas do setor;
- porte de cada firma em termos de vendas, ativo e patrimônio líquido;
- políticas de preços das empresas;
- nível de acirramento da competição;
- nível de qualidade exigido nesse mercado;
- como os produtos da indústria são comparados com os produtos substitutos em termos de qualidade, preço, aparência etc.;
- grau de competição entre os produtores estrangeiros nos mercados externo e interno;
- existência ou não da necessidade de investimentos significativos para as empresas se manterem competitivas.

É preciso avaliar as seguintes questões:

- se o setor está perdendo ou ganhando da competição externa;
- se a indústria está se expandindo, encolhendo ou se encontra estável;
- se a indústria é estável ou cíclica;
- quais são os principais mercados do setor;
- quais os determinantes da demanda;
- quais são as possibilidades de curto e longo prazos da demanda;
- se existe sazonalidade de vendas;
- como se distribuem os custos do setor entre mão de obra, matérias-primas e gastos indiretos de fabricação;

- como vêm evoluindo o custo de mão de obra e a produtividade;
- como vêm evoluindo os preços;
- se há necessidade de novos investimentos para manter a eficiência produtiva e a competitividade;
- o grau de capacitação técnica das empresas do setor.

Descrição da empresa

O relatório de análise começa com uma descrição geral da empresa, na qual são expostas a natureza da empresa e suas atividades fundamentais. Nesta etapa devemos apresentar não apenas uma visão geral da empresa, mas também destacar os principais aspectos relacionados à atividade operacional, como a seguir:

- data da fundação;
- atividade principal da empresa;
- distribuição do capital social;
- membros da administração;
- auditoria;
- localização da empresa;
- principais decisões de investimentos, operacionais e de financiamento;
- participação em companhias controladas e coligadas;
- histórico da empresa, abordando a sua evolução operacional;
- descrição de produtos e serviços;
- principais clientes e onde estão localizados;
- existência ou não de dependência em relação a poucos clientes;
- histórico de preços e quantidades vendidas dos principais produtos;
- principais concorrentes e parcela do mercado;

- avaliar se há estabilidade nas vendas ou se flutuam com o mercado;
- localização industrial — deve-se considerar os seguintes aspectos: qualidade da mão de obra local, distância do centro produtor de matérias-primas, transporte e logística de recebimento da matéria-prima e escoamento da produção (malha rodoviária, ferroviária, portos etc.), disponibilidade de água, energia e área para tratamento de efluentes;
- processo produtivo;
- principais matérias-primas e onde estão localizados os fornecedores;
- análise da força de barganha dos fornecedores e se existe dependência em relação a poucos fornecedores;
- tecnologia empregada (própria ou de terceiros);
- histórico da capacidade instalada *versus* capacidade utilizada;
- investimentos para ampliação da capacidade;
- investimentos para modernização do processo produtivo.

Análise econômico-financeira

A partir dos índices poderemos desenvolver a análise da empresa, na qual deveremos destacar o desempenho econômico-financeiro nos últimos anos. Tal desempenho é afetado pelas seguintes questões:

- tendência das vendas nos últimos anos;
- investimentos em expansão e modernização;
- financiamentos dos planos de expansão (utilização de recursos próprios e financiamentos pleiteados);
- compatibilidade das fontes de recursos e investimentos.

Outras informações

- isenções/benefícios fiscais;
- política de gestão de pessoas;

- marcas e patentes;
- ações judiciais em andamento;
- obrigações legais e sua vigência (contratos de aluguel, *leasing*, acordos trabalhistas).

Na conclusão devem-se identificar e escrever, de forma clara e sucinta, a efetiva situação econômico-financeira da empresa, pontos fortes e fracos, riscos, perspectivas de curto e longo prazos e, dependendo do relatório, acrescentar recomendações sobre a empresa.

Considerações finais

Neste capítulo apresentamos uma visão geral da análise econômico-financeira das empresas, com destaque para os principais objetivos, a importância da análise da situação econômica e a inter-relação entre estratégia e situação financeira. No próximo capítulo desenvolveremos os principais relatórios apresentados pelas sociedades anônimas.

2

Demonstrações financeiras úteis para análise

Neste capítulo apresentaremos um resumo das demonstrações financeiras obrigatórias, de grande utilidade na análise econômico-financeira de empresas, tais como balanço patrimonial (BP), demonstração de resultados do exercício (DRE), demonstração das mutações do patrimônio líquido (Demup) e demonstração do fluxo de caixa (DFC), esta última obrigatória a partir do exercício social de 2008. Em seguida, introduziremos a demonstração do valor adicionado, exigida apenas das sociedades por ações de capital aberto.

O principal documento que uma sociedade anônima divulga para seus acionistas é o relatório anual. Nele são apresentadas, sob a forma de carta do presidente da companhia, uma descrição dos resultados obtidos pela empresa no exercício findo e informações que poderão afetar o futuro. Além da carta do presidente, apresentam-se as demonstrações financeiras obrigatórias dos dois últimos anos, as notas explicativas e o parecer dos auditores independentes.

Balanço patrimonial

O balanço patrimonial revela os investimentos (ativo) e os financiamentos (passivo) num determinado momento. As companhias abertas o publicam trimestralmente, sendo que, normalmente, o balanço anual coincide com o ano-calendário, com fechamento em 31 de dezembro de cada exercício social.

O ativo

O ativo representa os bens e direitos da empresa. A Lei das Sociedades Anônimas classifica todas as aplicações de recursos realizadas pela empresa em ordem decrescente de grau de liquidez. Na tabela 1 apresentamos o ativo de uma companhia hipotética ABC, do ano 1 ao ano 4.

Tabela 1
ATIVO DA CIA. ABC (R$)

Ativo	Ano 1	Ano 2	Ano 3	Ano 4
Aplicações financeiras	6.352	–	42.492	1.721
Duplicatas a receber	75.493	55.678	45.674	48.903
Estoques	43.533	53.246	36.789	32.124
Despesas antecipadas	1.232	2.368	7.654	5.439
Ativo circulante	126.610	111.292	132.609	88.187
Companhias ligadas	5.694	8.036	9.270	11.393
Outros	1.273	887	5.312	5.312
Realizável a longo prazo	6.967	8.923	14.582	16.705
Custo	318.356	340.356	356.356	424.036
– Depreciação acumulada	139.919	161.318	184.256	202.791
Ativo imobilizado	178.437	179.038	172.100	221.245
Custo	2.690	3.190	3.740	4.340
– Amortização acumulada	1.108	1.298	1.538	1.832
Ativo intangível	1.582	1.892	2.202	2.508
Ativo não circulante	186.986	189.854	188.884	240.457
Ativo total	313.596	301.145	321.493	328.645

Os principais itens são distribuídos em ativo circulante e ativo não circulante, especificados a seguir.

Ativo circulante

No ativo circulante são classificadas as contas de maior giro, como disponibilidades (dinheiro em caixa, cheques recebidos, depósitos bancários e títulos, e aplicações financeiras), contas a receber, estoques, adiantamentos a fornecedores, despesas pagas antecipadamente realizáveis no exercício seguinte e outras. As contas do ativo circulante são caracterizadas pelo seu caráter transitório, ou seja, deverão ser convertidas em dinheiro até, no máximo, o final do próximo exercício.

A título de análise, as contas do ativo circulante podem ser classificadas em dois grupos: financeiro e operacional. O ativo circulante financeiro (ou errático) engloba as contas que representam dinheiro e aplicações financeiras em títulos. O ativo circulante operacional (ou cíclico) compreende as aplicações de recursos em contas que estejam relacionadas com atividade de compra, transformação e venda. Está relacionado com o ciclo operacional da empresa (clientes/duplicatas a receber, estoques, adiantamento a fornecedores etc.).

Ativo não circulante

O realizável a longo prazo contempla as contas que tenham provável realização após o final do exercício seguinte ao término do balanço, como contas a receber, empréstimos a companhias ligadas, adiantamentos a fornecedores, valores em litígio etc. Estas contas são contabilizadas pelo valor corrigido e devem ser transferidas para o ativo circulante no exercício imediatamente anterior àqueles em que serão realizadas.

Investimentos

Os investimentos representam os direitos de qualquer natureza que não se destinam à manutenção da atividade operacional da companhia e não estão disponíveis à negociação, como participações permanentes em outras sociedades, terrenos para expansão futura, imóveis para renda, obras de arte e outros ativos especulativos.

Imobilizado

O imobilizado inclui os investimentos em terrenos, imóveis, edificações e instalações, máquinas, computadores, móveis e utensílios, veículos indispensáveis para a continuidade do negócio. Tais investimentos se caracterizam pela natureza permanente, pela utilização na operação do negócio e por não se destinarem a venda. O imobilizado é contabilizado pelo valor de aquisição e sujeito a perda de valor no tempo em decorrência de desgastes pelo uso, ação da natureza ou obsolescência. Essas perdas de valor vão se transformando gradualmente em custos e/ou despesas de depreciação ou exaustão. Devido ao desgaste por uso, ação do tempo e outros fatores predatórios, deve-se calcular o valor líquido dos bens listados (custo histórico corrigido menos depreciação acumulada). As contas "adiantamentos a fornecedores" e "importações em andamento" integram este item quando se referem a fornecimentos ou importações de bens destinados ao ativo imobilizado.

Intangível

O intangível, exigido a partir do exercício social de 2008, passa a ser formado por contas que representam bens incorpóreos, por exemplo, as marcas, as patentes, os direitos de concessão, os direitos de exploração, direitos de franquia, direitos autorais, gastos com desenvolvimento de produtos novos, ágio pago por expectativa de resultado futuro (fundo de comércio, ou *goodwill*), sendo amortizado gradualmente.

O passivo e patrimônio líquido

O passivo representa as obrigações assumidas pela empresa para com terceiros (passivo) e para com os sócios (patrimônio líquido). No passivo são apresentadas as origens de todos os recursos levantados pela empresa, dispostos em ordem decrescente de exigibilidade.

Na tabela 2, apresentamos o passivo e o patrimônio líquido da companhia hipotética ABC, do ano 1 ao ano 4.

Tabela 2
PASSIVO E PATRIMÔNIO LÍQUIDO DA CIA. ABC (R$)

Passivo e patrimônio líquido	Ano 1	Ano 2	Ano 3	Ano 4
Empréstimos	2.200	39.409	4.600	8.874
Obrigações fiscais	8.904	7.890	16.785	9.084
Imposto de renda	2.191	–	–	1.101
Fornecedores	26.260	9.896	11.231	13.487
Salários e encargos	4.443	4.333	4.500	4.583
Dividendos	4.254	–	–	3.524
Contas a pagar	2.666	2.600	2.700	2.750
Passivo circulante	50.918	64.128	39.816	43.403
Financiamentos	50.586	46.186	76.586	67.712
Companhias ligadas	8.252	9.834	10.942	12.596
Outros	16	35	84	296
Passivo não circulante	58.854	56.055	87.612	80.604
Capital social	108.050	108.050	148.050	148.050
Reservas	95.774	72.912	46.015	56.588
Patrimônio líquido	203.824	180.962	194.065	204.638
Passivo total	313.596	301.145	321.493	328.645

Os principais itens relativos ao passivo são: passivo circulante, passivo não circulante e patrimônio líquido. Vejamos.

Passivo circulante

São as exigibilidades assumidas pela empresa que vencem no exercício social seguinte, como pagamentos a fornecedores, adiantamentos feitos por clientes, obrigações fiscais, salários a pagar, contas a pagar, empréstimos de curto prazo, financiamentos transferidos do longo prazo, imposto de renda e contribuição social a pagar, dividendos propostos etc.

As contas do passivo circulante, da mesma forma que as do ativo circulante, podem ser classificadas em dois grupos: financeiro e operacional. O passivo circulante financeiro (ou errático) engloba as contas representativas de dívidas a curto prazo que não fazem parte das atividades diárias da empresa, como empréstimos bancários, impostos renegociados, imposto de renda a recolher, dividendos propostos etc. O passivo circulante operacional (ou cíclico) compreende as contas que identificam os financiadores normais da atividade da empresa, constituindo fontes espontâneas de recursos (fornecedores, salários e encargos a pagar, impostos sobre vendas a recolher etc.).

Passivo não circulante

São obrigações que vencem após o término do exercício seguinte, como financiamentos de longo prazo, debêntures, financiamentos em moeda estrangeira, empréstimos com companhias ligadas, provisão para contingências etc.

O patrimônio líquido

Representa a diferença entre o total do ativo e o passivo, ou seja, são os volumes de recursos próprios da empresa pertencentes aos acionistas. O patrimônio líquido é composto de capital social, reservas de capital, ajustes de avaliação patrimonial (a partir do exercício social de 2008), reservas de lucros, prejuízos acumulados menos ações em tesouraria. Serão classificadas como ajustes de avaliação patrimonial as contrapartidas de aumento ou diminuição de valor atribuído a elementos do ativo e do passivo, em decorrência de sua avaliação pelo valor de mercado. No caso da rubrica "lucros acumulados", a partir do exercício social de 2008 seu saldo deve ser zero ou negativo, caracterizando "prejuízos acumulados", não se admitindo valor positivo, uma vez que todo o lucro do período tem de ter destinação específica, ou seja, ser distribuído aos acionistas ou ser destinado à reserva de lucros.

A seguir apresentamos a demonstração de resultados do exercício, uma das mais utilizadas no desenvolvimento da análise.

Demonstração de resultados do exercício

A demonstração de resultados do exercício (DRE) apresenta, de maneira esquematizada, vendas brutas, impostos sobre vendas, custo das vendas, despesas comerciais, despesas administrativas, despesas financeiras, receitas financeiras, resultado de equivalência patrimonial, outras receitas e despesas operacionais, provisão de imposto de renda e contribuição social, definindo claramente no seu final o resultado líquido obtido pela empresa em determinado exercício social.

A tabela 3 apresenta a demonstração de resultados da companhia hipotética ABC, do ano 1 ao ano 4.

Numa empresa industrial, os custos das vendas são denominados custos dos produtos vendidos e incluem custos com matérias-primas, mão de obra, depreciação, manutenção, energia e outros custos necessários para transformar as matérias-primas em produtos acabados. Numa empresa comercial os custos das vendas correspondem aos custos das mercadorias vendidas e, numa empresa de serviços, aos custos dos serviços prestados, como pessoal, manutenção, depreciação, materiais, energia, entre outros. Em seguida apresentamos outras demonstrações úteis na análise, como demonstração das origens e aplicações de recursos, demonstração de mutações do patrimônio líquido e demonstração do fluxo de caixa.

Tabela 3
DEMONSTRAÇÃO DE RESULTADOS DA CIA. ABC (R$)

Demonstração de resultados do exercício	Ano 1	Ano 2	Ano 3	Ano 4
Vendas brutas	595.197	487.890	489.030	547.714
– Impostos s/ vendas	95.232	78.062	78.245	87.635
Vendas líquidas	499.965	409.828	410.785	460.079
– Custo dos produtos vendidos	365.245	320.745	326.790	347.915
Lucro bruto	134.720	89.083	83.995	112.164
– Despesas comerciais	54.345	44.408	48.978	54.789
– Despesas administrativas	43.723	38.789	23.589	24.569
Lucro atividade	36.652	5.886	11.428	32.806
+ Receitas financeiras	1.565	984	821	1.176
– Despesas financeiras	12.436	29.732	39.146	15.483
Lucro antes do imposto de renda	25.781	(22.862)	(26.897)	18.499
– Imposto de renda e CSLL	8.766	–	–	4.403
Lucro líquido	17.015	(22.862)	(26.897)	14.096

Demonstração do fluxo de caixa

A demonstração de fluxo de caixa passou a ser obrigatória a partir do exercício social de 2008. O modelo de fluxo de caixa permite avaliar a política de investimentos e de financiamentos da empresa. Analistas que investigam a saúde da empresa olhando somente para a demonstração de resultados podem se enganar. Quase sempre os problemas de insolvência ou iliquidez ocorrem por falta de adequada administração do fluxo de caixa; daí a importância de sua análise.

Diversos índices podem ser extraídos a partir da demonstração do fluxo de caixa de uma empresa, especialmente índices que comparam o fluxo de caixa operacional com itens do passivo, vendas, ativo total, novas imobilizações etc.

O ciclo operacional de uma empresa se inicia com a compra de matérias-primas. Os recursos para o pagamento das compras podem ser originados por um crédito dado à empresa pelos fornecedores ou mesmo pela redução das aplicações financeiras, no caso de compra à vista. Além da aplicação em matérias-primas, a empresa aplica fundos adicionais em mão de obra, manutenção, energia elétrica e outros custos operacionais, de modo a transformar os produtos em elaboração em produtos acabados. Em seguida vêm as vendas dos bens, que normalmente são realizadas a prazo. Há uma redução de estoques de produtos acabados contrabalançados por uma elevação em duplicatas a receber até que se inicie o pagamento por parte dos clientes, quando então os recursos se direcionarão para a conta caixa.

A análise do fluxo de caixa da companhia permite avaliar a capacidade de a companhia gerar recursos para cobrir o incremento de sua necessidade de capital de giro, dos investimentos em ativos, além de satisfazer as necessidades relativas ao pagamento de dividendos, de imposto de renda, de juros e das parcelas do financiamento de longo prazo que estejam vencendo.

Segundo Costa Marques,[2] a informação fornecida na demonstração de fluxos de caixa, se utilizada com as divulgações e informações relacionadas nas outras demonstrações financeiras, ajudará os investidores, credores e outros a avaliar:

- a capacidade do negócio de gerar fluxos de caixa líquidos;
- a capacidade de o empreendimento pagar dividendos e financiamentos;
- as razões das diferenças entre fluxo de caixa e resultado líquido.

O processo de decisão de investimentos e financiamentos reflete-se nas diversas transações das empresas. Decisões relacionadas com compra de matérias-primas, investimentos em imobilizado e diferido, compras de empresas ou participações acionárias, venda de ativo imobilizado, desinvestimentos, aporte de capital, captação de financiamentos de longo prazo, emissão de debêntures, reembolso de fundos, distribuição de dividendos, financiamento a clientes, recebimento (ou concessão) de empréstimos de(as) companhias ligadas etc. constituem um contínuo fluxo entre as aplicações e as fontes de recursos.

A demonstração do fluxo de caixa responde a importantes questões, expostas a seguir.

- A empresa tem um fluxo de caixa operacional positivo e robusto o suficiente para pagar o serviço das dívidas e fazer investimentos necessários para manutenção da capacidade?
- Será que, mesmo tendo boa geração de caixa operacional, a empresa desperdiçou recursos em projetos de baixa rentabilidade?
- Será que, mesmo a empresa sendo lucrativa, ela continua precisando tomar volumes elevados de empréstimos para poder continuar operando?

---

[2] Costa Marques, 2004.

- Será que a empresa requer pesados investimentos em ativos fixos, relacionados com novos equipamentos que incorporem mudanças tecnológicas?
- Como são financiados os investimentos estratégicos da empresa?
- A empresa tem geração de caixa para distribuir dividendos?
- Será que a empresa somente sobrevive porque está vendendo seus ativos fixos e/ou recebendo recursos externos (aportes de capital ou novos financiamentos) a fim de financiar a drenagem de recursos relacionada ao fluxo de caixa operacional?

Apresentamos a seguir três modelos de demonstração de fluxo de caixa:

- método direto;
- método indireto partindo do lucro da atividade;
- método indireto partindo do lucro líquido.

Método direto

Podemos demonstrar o fluxo de caixa da empresa a partir da construção do fluxo de caixa operacional pelo método direto, ou seja, partimos dos recebimentos gerados pelas vendas e deduzimos os fluxos de pagamentos relacionados às operações, como demonstrado a seguir.

```
Vendas brutas
 + Duplicatas a receber (inicial) ⎤
 − Duplicatas a receber (final)   ⎬ Recebimentos de vendas
 − Impostos s/ vendas             ⎦
 − Obrigações fiscais (inicial)   ⎤
 + Obrigações fiscais (final)     ⎬ − Pagamentos de impostos
                                  ⎦
 − Compras
 − Fornecedores (inicial)         ⎤
 + Fornecedores (final)           ⎬ − Pagamentos de compras
                                  ⎦
```

- Manutenção/mão de obra/outros custos desembolsáveis
- Despesas administrativas/despesas com vendas/despesas gerais
- Salários e encargos (inicial)
+ Salários e encargos (final)
- Outros passivos operacionais (inicial)
+ Outros passivos operacionais (final)
- Outros ativos operacionais (final)
+ Outros ativos operacionais (inicial)
= Fluxo de caixa operacional
- Pagamento de financiamentos e empréstimos
- Pagamento de juros
+ Integralização de capital
- Novas imobilizações
+ Venda de imobilizado
- Compras de investimentos e valores negociáveis
+ Venda de investimentos e valores negociáveis
+ Recebimento de dividendos
- Adições ao ativo intangível
+ Novos financiamentos de longo prazo
- Pagamento de dividendos
- Pagamento de imposto de renda e contribuição social
= Geração de caixa do período
+ Baixas em aplicações financeiras
= Geração de caixa após baixa em aplicações financeiras
+ Novos empréstimos de curto prazo
= Geração de caixa final

Método indireto partindo do Ebitda

No reino das siglas financeiras, o Ebitda talvez seja uma das mais populares. Ebitda significa *earnings before interests, taxes, depreciation and amortization*. Em português, significa Lajida, ou seja, lucro antes de juros, imposto de renda, depreciação e amortização.

O Ebitda é um indicador muito valorizado pelo mercado na avaliação de uma empresa. Isso porque espelha o desempenho da empresa levando em consideração somente os ganhos gerados por sua atividade principal, e mede a produtividade e a eficiência do negócio.

O mercado valoriza ainda mais a variação percentual de crescimento ou queda do Ebitda em relação ao período anterior. Este percentual mostra aos investidores se a empresa em questão conseguiu ser mais eficiente ou aumentar sua produtividade.

Muitas companhias abertas divulgam o Ebitda. Um bom exemplo é a notícia sobre a divulgação dos resultados da Companhia Siderúrgica Nacional (CSN):

> O Ebitda da CSN alcançou R$ 1,3 bilhão em 2000. O valor recorde ficou 18% acima do registrado em 99. Do total, 2,5% do Ebitda foram destinados ao Programa de Participação nos Lucros e Resultados (PLR) dos empregados da empresa.

O Ebitda pode ser compreendido como uma aproximação do fluxo de caixa das operações antes dos impostos. Na realidade, o Ebitda é o fluxo de caixa operacional potencial da empresa. Procura, portanto, ver um lucro que deverá ser suficiente para a remuneração de juros sobre capital de terceiros, imposto de renda, que é a parcela do governo, depreciação e a amortização, que são as parcelas de capital consumidas no período em que foram gerados os recursos.

Assim, a compreensão do Ebitda estaria em considerar que juros, depreciação, imposto de renda e contribuição social, bem como amortizações, são decisões e obrigações assumidas a partir da geração dos resultados operacionais. Tenta, portanto, fazer um resultado operacional, tido por gerador de recursos, como se fosse um fluxo de caixa, que pode ser descontado ao longo de um período e, por fim, determinar um certo valor de mercado para a empresa.

A seguir apresentamos a demonstração do fluxo de caixa partindo do Ebitda:

Ebitda
+ Provisões
− Δ Necessidade de capital de giro
= Fluxo de caixa operacional
− Pagamento de financiamentos e empréstimos
− Pagamento de juros
+ Integralização de capital
− Novas imobilizações
+ Venda de imobilizado
− Compra de investimentos e valores negociáveis
+ Venda de investimentos e valores negociáveis
+ Recebimento de dividendos
− Adições ao ativo intangível
+ Novos financiamentos de longo prazo
− Pagamento de dividendos
− Pagamento de imposto de renda e contribuição social
= Geração de caixa do período
+ Baixas em aplicações financeiras
= Geração de caixa após baixa em aplicações financeiras
+ Novos empréstimos de curto prazo
= Geração de caixa final

Com base nas demonstrações financeiras da Cia. ABC, montamos, na tabela 4, a sua demonstração de fluxo de caixa pelo modelo indireto, do primeiro ao quarto ano.

Tabela 4
DEMONSTRAÇÃO DO FLUXO DE CAIXA DA CIA. ABC (R$)

	Ano 1	Ano 2	Ano 3	Ano 4
Lucro da atividade	36.652	5.886	11.428	32.806
+ Depreciação/amortização	20.546	21.588	23.178	18.830
Ebitda	57.198	27.474	34.606	51.636
− Variação da NCG	4.868	8.587	(31.672)	1.661
FCO	52.330	18.887	66.278	49.975
− Juros	12.436	29.732	39.146	15.483
− Principal	11.234	2.200	39.409	4.600

continua

	Ano 1	Ano 2	Ano 3	Ano 4
+ Resgate de juros	1.565	983	821	1.176
+ Novos financiamentos longo prazo	–	–	35.000	–
– Adições companhias ligadas receber	1.127	2.342	1.234	2.123
– Adições outras contas a receber longo prazo	150	(386)	4.425	–
+ Adições companhias ligadas pagar	368	1.582	1.108	1.654
+ Adições outras contas a pagar longo prazo	–	19	49	212
– Novas imobilizações	18.900	22.000	16.000	67.680
– Adições intangível	456	500	550	600
– Dividendos	5.457	4.254	–	–
+ Integralização de capital	–	–	40.000	–
– Pagamento IR e CSLL	9.385	2.191	–	3.302
+ Venda ativos	–	–	–	–
Fluxo de caixa gerado	(4.882)	(41.362)	42.492	(40.771)
+ Baixa de aplicações financeiras	4.882	6.352	–	40.771
+ Novos empréstimos a curto prazo	–	35.010	–	–
Fluxo de caixa final	–	–	42.492	–

Método indireto partindo do lucro líquido

Alternativamente, podemos demonstrar o fluxo de caixa da empresa partindo do lucro líquido. Nesse caso devemos retornar não apenas com a depreciação e a amortização, mas com todas as despesas e receitas que não impactam o caixa da empresa, conforme demonstrado a seguir.

Lucro líquido
+ Provisões
+ Depreciação e amortização
+ Outras despesas não desembolsáveis
– Receitas sem impacto no caixa
– Δ estoques
– Δ duplicatas a receber
– Δ outros ativos

+ Δ fornecedores
+ Δ obrigações fiscais
+ Δ outros passivos
− Novas imobilizações
+ Venda de imobilizado
+ Integralização de capital
− Adições ao ativo intangível
− Compra de valores negociáveis e outros investimentos
+ Recebimento de dividendos
+ Venda de valores negociáveis e outros investimentos
+ Novos financiamentos de longo prazo
− Pagamentos de financiamentos e empréstimos
− Pagamentos de dividendos
= Geração de caixa do período
+ Baixas de aplicações financeiras
= Geração de caixa após baixa em aplicações financeiras
+ Novos empréstimos de curto prazo
= Geração de caixa final

Outras demonstrações e informações úteis

Demonstração das mutações do patrimônio líquido (Demup)

A Demup apresenta movimentação das contas do patrimônio líquido, tais como:

❏ aumento de capital por subscrição e integralização de ações;
❏ aumento de capital por incorporação de reservas (não afeta o total do patrimônio líquido);
❏ redução de capital para reduzir prejuízos acumulados (não afeta o total do patrimônio líquido);
❏ resultado líquido do exercício;
❏ dividendos;

❏ aquisição de ações da própria empresa (ações em tesouraria).

Demonstração do valor adicionado (DVA)

A demonstração do valor adicionado evidencia quanto de valor a empresa agrega no seu processo produtivo. Essa demonstração é construída a partir dos dados da demonstração de resultados, na qual se destaca o valor adicionado pela empresa e a distribuição deste valor, indicando o quanto a empresa contribui para o governo, por meio dos impostos, taxas e contribuições; para os empregados, por meio dos salários e contribuições; para os financiadores, por meio dos juros; para os proprietários de imóveis, por meio dos aluguéis; para os acionistas, por meio dos dividendos e juros sobre capital próprio.

Na DRE computam-se como custos dos produtos vendidos os custos fixos e variáveis necessários à sua produção. Na DVA estes custos devem ser bem discriminados, dado que uma parte deles é considerada insumos adquiridos de terceiros. Os gastos com pessoal e os encargos aparecem como distribuição do valor adicionado. Veja, a seguir, um exemplo de DRE *versus* DVA.

Demonstração do resultado do exercício (DRE)	Ano 1
Vendas brutas	500.000
— Impostos sobre vendas	75.000
Vendas líquidas	425.000
— Custo dos produtos vendidos	
Matérias-primas	105.000
Mão de obra	150.000
Energia	20.000
Depreciação	50.000

Lucro bruto	100.000
— Despesas comerciais	22.000
Lucro atividade	78.000
— Despesas financeiras	32.000
+ Receitas financeiras	2.000
Lucro antes do imposto de renda	48.000
— Imposto de renda e CSLL	16.320
Lucro líquido	31.680
Demonstração do valor adicionado (DVA)	Ano 1
Vendas brutas	500.000
— Insumos adquiridos	
Matérias-primas	105.000
Energia	20.000
Comerciais e publicidade	50.000
Valor adicionado bruto	325.000
— Depreciação	22.000
Valor adicionado líquido produzido pela empresa	303.000
+ Resultado financeiro	2.000
Valor adicionado total a distribuir	305.000
Distribuição do valor adicionado	Ano 1
Empregados	150.000
Governo	91.320
Financiadores	32.000
Acionistas	7.920
Reinvestido	23.760
Valor adicionado distribuído	305.000

Notas explicativas ao balanço

As notas explicativas são as informações complementares às demonstrações financeiras e constituem-se em peças importantes no que diz respeito à transparência da situação econômico-financeira de uma empresa. São usadas para descrever práticas contábeis, explicar melhor determinadas contas e esclarecer operações específicas. As notas devem:

- apresentar informações sobre a base de preparação das demonstrações financeiras e das práticas contábeis específicas selecionadas e aplicadas para negócios e eventos significativos;
- divulgar as informações exigidas pelas práticas contábeis adotadas no Brasil que não estejam apresentadas em nenhuma outra parte das demonstrações financeiras;
- fornecer informações adicionais não indicadas nas próprias demonstrações financeiras e consideradas necessárias para uma apresentação adequada;
- indicar:
  - os principais critérios de avaliação dos elementos patrimoniais — especialmente estoques —, dos cálculos de depreciação, amortização e exaustão; de constituição de provisões para encargos ou riscos; e dos ajustes para atender a perdas prováveis na realização de elementos do ativo;
  - os investimentos em outras sociedades, quando relevantes;
  - o aumento de valor de elementos do ativo resultante de novas avaliações;
  - os ônus reais constituídos sobre elementos do ativo, as garantias prestadas a terceiros e outras responsabilidades eventuais ou contingentes;
  - a taxa de juros, as datas de vencimento e as garantias das obrigações a longo prazo;
  - o número, espécies e classes das ações do capital social;
  - as opções de compra de ações outorgadas e exercidas no exercício;
  - os ajustes de exercícios anteriores (art. 186, §1º);
  - os eventos subsequentes à data de encerramento do exercício que tenham, ou possam vir a ter, efeito relevante

sobre a situação financeira e os resultados futuros da companhia.

Uma vez apresentadas as demonstrações financeiras e as notas explicativas, apresentaremos, a seguir, alguns ajustes recomendados na análise das demonstrações financeiras.

Ajustes para efeito de análise

De posse das demonstrações financeiras e informações complementares, recomenda-se que sejam procedidos ajustes com vistas a padronizar os demonstrativos para análise, entre os quais destacam-se:

- duplicatas descontadas — retirar do ativo circulante e alocar no passivo circulante. O desconto de duplicatas é um empréstimo para capital de giro. A reclassificação possibilita analisar mais adequadamente as fontes de recursos que a empresa vem utilizando;
- empréstimos a coligadas — quando aparecem no ativo circulante deverão ser reclassificados para realizável a longo prazo. Esses valores até podem retornar à empresa no curto prazo. No entanto, como os devedores exercem influência decisiva sobre a credora, normalmente esses empréstimos não têm data para serem liquidados. Aliás, a própria Lei das Sociedades Anônimas determina que os negócios realizados com partes relacionadas (empresas interligadas, sócios etc.), quando não fazem parte das atividades normais da empresa, devem ser classificados no longo prazo;
- empréstimos de diretores e/ou interligadas — quando aparecerem no passivo não circulante, deverão ser reclassificados para o passivo circulante. Este caso é o oposto do caso anterior. Valores que a empresa toma das pessoas ou empresas ligadas, a título de empréstimos, podem ser exigidos a

qualquer momento. Por isso, conservadoramente, usa-se reclassificá-los no passivo circulante;
- deduções do patrimônio líquido (PL) — são a contrapartida dos valores deduzidos do ativo por representarem valores não realizáveis ou de realização duvidosa. A cada valor consignado em deduções do PL corresponde a exclusão de parcela equivalente no ativo. Eis as principais deduções do PL:
- bens obsoletos: bens que ainda constam na contabilidade da empresa, mas não possuem valor de venda ou condições de utilização;
- débitos de diretores, cotistas e solidários: normalmente esses valores constituem retiradas feitas pelos sócios, não contabilizadas como despesas;
- débitos de empresas do mesmo grupo econômico: não se incluem neste item os débitos por fornecimento de mercadorias ou serviços (atividade normal da empresa). A dedução somente deve ser feita quando os débitos forem considerados de realização duvidosa;
- depósitos judiciais: valores depositados em juízo enquanto a empresa discute uma dívida fiscal, trabalhista ou outras;
- excesso na reavaliação de bens no imobilizado: quando for identificado que a empresa reavaliou um bem em nível superior ao seu real valor de mercado;
- provisão para devedores duvidosos: esse valor representa a estimativa de créditos vencíveis no exercício seguinte que não serão recebidos. Apesar de a legislação do imposto de renda aceitar somente 1,5% do saldo devido por clientes (ou a média dos últimos três anos), a provisão deve incluir toda a estimativa de perdas da empresa. Recomenda-se que os balanços analisados sejam ajustados de forma a conter uma estimativa de pelo menos 3% da conta clientes/duplicatas a receber;

❑ outros valores de difícil realização ou incobráveis: outros valores registrados no balanço que efetivamente não representam bens ou direitos realizáveis (cheques sem fundos, duplicatas incobráveis, estoques obsoletos etc.).

Considerações finais

Neste capítulo fizemos um resumo dos principais relatórios apresentados pelas sociedades anônimas, com destaque para o fluxo de caixa, que é de grande importância para analisar a capacidade financeira da empresa. No próximo capítulo desenvolveremos alguns instrumentos preliminares de análise, especialmente as análises horizontal e vertical do balanço patrimonial e da demonstração de resultados.

3

Instrumentos preliminares de análise

Neste capítulo abordaremos alguns instrumentos convencionais de análise, como as análises horizontal e vertical do balanço patrimonial e demonstração de resultados.

Análises horizontal e vertical

Entre as diversas formas de análise de uma demonstração financeira, duas chamam a atenção por serem rápidas de montar e de fácil compreensão: são as chamadas análises horizontal e vertical. A partir delas é possível obter uma informação básica acerca da evolução das contas de um demonstrativo. Vejamos, a seguir, as referidas técnicas de análise.

Análise horizontal

A análise horizontal das demonstrações financeiras corresponde ao estudo comparativo, em períodos de tempo consecutivos, da evolução das contas que compõem as demonstrações financeiras em análise. As variações ocorridas ao longo dos anos permitem ao analista avaliar as estratégias adotadas pela empresa no passado.

A análise horizontal é feita com base em números-índices, em que se considera o valor de 100 na data-base para a conta em análise e, por meio de uma simples regra de três, apura-se o valor da conta no período seguinte, conforme apresentado no exemplo da companhia hipotética ABC, na tabela 5.

Tabela 5
ANÁLISE HORIZONTAL DA CONTA DUPLICATAS A RECEBER

	Ano 1	Ano 2
Duplicatas a receber	75.493	55.678
Ajuste horizontal (AH)	100	$x = \dfrac{55.678 \times 100}{75.493} = 74$

Concluímos pela análise horizontal que a conta de duplicatas a receber sofreu uma queda de 26% (74 – 100).

Tomemos a seguir, na tabela 6, a evolução do resultado líquido da empresa ABC.

Tabela 6
ANÁLISE HORIZONTAL DO RESULTADO LÍQUIDO

	Ano 1	Ano 2
Resultado líquido	17.015	(22.862)
Ajuste horizontal (AH)	100	$y = \dfrac{-22.862 \times 100}{17.015} = -134,36$

Podemos concluir que o resultado líquido apresentou uma queda de 234,36% (–134,36 – 100).

É importante destacar que, quando a conta da data-base é negativa,[3] precisamos inverter o sinal da data-base

---

[3] Leite, 1994.

(–100 ao invés de 100) antes de aplicarmos a regra de três. Somente assim a análise horizontal refletirá a evolução correta da conta.

Suponhamos a evolução do resultado líquido da empresa Alfa, conforme a tabela 7.

Tabela 7
ANÁLISE HORIZONTAL DO RESULTADO LÍQUIDO DA EMPRESA ALFA

	Ano 1	Ano 2
Resultado líquido	(20.456)	(15.840)
Ajuste horizontal (AH)	–100	$z = \dfrac{-15.840 \times -100}{-20.456} = -77$

Podemos concluir que o resultado líquido apresentou um crescimento de 23%, ou seja, podemos conferir que 23% equivalem a (–77 – (–100))%.

Tomemos agora a evolução do resultado líquido da empresa Beta, conforme a tabela 8.

Tabela 8
ANÁLISE HORIZONTAL DO RESULTADO LÍQUIDO DA EMPRESA BETA

	Ano 1	Ano 2
Resultado líquido	(12.666)	(25.440)
Ajuste horizontal (AH)	–100	$t = \dfrac{-25.440 \times -100}{-12.666} = -201$

Podemos concluir que o resultado líquido apresentou uma queda de 101% (–201 – (–100)).

Suponhamos a evolução do resultado líquido da empresa Gama, a seguir, na tabela 9.

Tabela 9
ANÁLISE HORIZONTAL DO RESULTADO LÍQUIDO DA EMPRESA GAMA

	Ano 1	Ano 2
Resultado líquido	(18.646)	15.455
Ajuste horizontal (AH)	−100	$w = \dfrac{15.455 \times -100}{-18.646} = 83$

Concluímos que o resultado líquido apresentou um crescimento de 183% (83 − (−100)). Vejamos agora a aplicação dos conceitos de análise horizontal sobre a DRE e o balanço patrimonial (BP) da empresa ABC (setor industrial) do ano 1 ao ano 2 nas tabelas 10 a 12.

Tabela 10
ANÁLISE HORIZONTAL DA DRE DA CIA. ABC

Demonstração de resultados do exercício	Ano 1	Ano 2
Vendas brutas	100	82
− Impostos sobre vendas	100	82
Vendas líquidas	100	82
− Custo dos produtos vendidos	100	88
Lucro bruto	100	66
− Despesas comerciais	100	82
− Despesas administrativas	100	89
Lucro da atividade	100	16
+ Receitas financeiras	100	63
− Despesas financeiras	100	239
+ resultado não operacional	100	−
Lucro antes do imposto de renda	100	(89)
− Imposto de renda e CSLL	100	−
Lucro líquido	100	(134)

Por exemplo, verifica-se que no ano 2 ocorreu uma queda nas vendas brutas de 18% (passou de 100 para 82, ou seja,

82 – 100 = –18), provocando uma variação atípica nos níveis de estoque da companhia, que cresceu cerca de 22% (122 – 100), conforme apresentado na tabela 11.

A informação básica extraída da análise horizontal é a evolução individual de cada conta em relação à evolução de uma conta-padrão, como, por exemplo, a conta estoques em relação à conta ativo circulante (os estoques cresceram 22%, enquanto o ativo circulante sofreu uma queda de 12%).

Esse forte crescimento nos estoques ocorreu porque a empresa produziu muito acima das vendas, o que impactou negativamente o seu fluxo de caixa operacional. Com isso a empresa precisou resgatar aplicações financeiras, com uma redução de 100% (0 – 100) e tomou novos empréstimos de curto prazo, com aumento de 1.691% (1.791 – 100), conforme tabela 12.

Observa-se ainda nessa empresa que o lucro bruto caiu 37% (63 – 100), enquanto as vendas, 18%. Isto porque o custo dos produtos vendidos (CPV) caiu menos do que as vendas brutas, ou seja, numa empresa industrial temos custos fixos e variáveis dentro do CPV. Quando as vendas caem, ocorre uma queda dos custos variáveis, mas não necessariamente nos fixos, isto é, a empresa com grande peso de custos fixos sofre mais com uma queda nas vendas, pois não tem como reduzi-los.

Tabela 11
ANÁLISE HORIZONTAL DO ATIVO DA CIA. ABC

Ativo	Ano 1	Ano 2
Aplicações financeiras	100	–
Duplicatas a receber		
Estoques	100	122
Despesas antecipadas	100	192
Ativo circulante	100	88
Companhias ligadas	100	141
Outros	100	70

continua

Ativo	Ano 1	Ano 2
Realizável a longo prazo	100	128
Custo	100	107
– Depreciação acumulada	100	115
Ativo imobilizado	100	100
Custo	100	119
– Amortização acumulada	100	117
Ativo intangível	100	120
Ativo não circulante	100	101
Ativo total	100	96

Tabela 12
ANÁLISE HORIZONTAL DO PASSIVO DA CIA. ABC

Passivo	Ano 1	Ano 2
Empréstimos	100	1.791
Obrigações fiscais	100	89
Imposto de renda	100	–
Fornecedores	100	38
Salários e encargos	100	98
Dividendos	100	–
Contas a pagar	100	98
Passivo circulante	100	126
Financiamentos	100	91
Companhias ligadas	100	119
Outros	100	219
Passivo não circulante	100	95
Capital social	100	100
Reservas	100	76
Patrimônio líquido	100	89
Passivo + Patrimônio líquido	100	96

O lucro da atividade caiu mais ainda do que o lucro bruto, 84% do ano 1 ao ano 2 (16 – 100) contra 34% do lucro bruto (66 – 100). Esta forte queda do resultado da atividade se deve à menor redução ocorrida nas despesas operacionais (as despesas

comerciais caíram 18% e as administrativas, 11%) quando em comparação com as vendas.
O resultado líquido passou de positivo para negativo, com queda de 234%. Esta piora foi influenciada pela elevação das despesas financeiras em 139% e pela queda das receitas financeiras em 37%.
Em seguida apresentamos a análise vertical do balanço patrimonial e da demonstração de resultados do exercício.

Análise vertical

A análise vertical das demonstrações financeiras tem como objetivo verificar a evolução, ao longo do tempo, da composição percentual das principais contas do balanço patrimonial (BP) e da demonstração de resultados do exercício (DRE).

Análise vertical do balanço patrimonial

O procedimento para se fazer a análise vertical do balanço patrimonial consiste em colocar em sentido vertical as contas do ativo e do passivo nos exercícios sociais em análise. Em seguida, fazendo igual a 100 o total do ativo (e do passivo) em cada exercício social, calcula-se o percentual de cada conta em relação ao total do ativo (e do passivo).

Tomemos novamente o exemplo da análise vertical das principais contas da empresa ABC do ano 1 ao ano 2.

Podemos verificar nas tabelas 13 e 14, adiante, que, com o crescimento de 22% dos estoques, estes passaram a representar 17,7% do ativo total no ano 2 contra 13,9% no ano 1. Além disso, com a piora do fluxo de caixa, as aplicações financeiras desapareceram (0% do ativo total no segundo ano contra 2% no primeiro) e elevaram-se os empréstimos de curto prazo

(13,1% do passivo total no ano 2 contra 0,7% do passivo total no ano 1).

Tabela 13
ANÁLISE VERTICAL DO ATIVO DA CIA. ABC (%)

Ativo	Ano 1	Ano 2
Aplicações financeiras	2,0	0,0
Duplicatas a receber	24,1	18,5
Estoques	13,9	17,7
Despesas antecipadas	0,4	0,8
Ativo circulante	40,4	37,0
Companhias ligadas	1,8	2,7
Outros	0,4	0,3
Realizável a longo prazo	2,2	3,0
Custo	101,5	113,0
– Depreciação acumulada	44,6	53,6
Ativo imobilizado	56,9	59,5
Custo	0,9	1,1
– Amortização acumulada	0,4	0,4
Ativo intangível	0,5	0,6
Ativo não circulante	57,4	60,1
Ativo total	100,0	100,0

Tabela 14
ANÁLISE VERTICAL DO PASSIVO DA CIA. ABC (%)

Passivo e patrimônio líquido	Ano 1	Ano 2
Empréstimos	0,7	13,1
Obrigações fiscais	2,8	2,6
Imposto de renda	0,7	0,0
Fornecedores	8,4	3,3
Salários e encargos	1,4	1,4
Dividendos	1,4	0,0
Contas a pagar	0,8	0,9
Passivo circulante	16,2	21,3

continua

Passivo	Ano 1	Ano 2
Financiamentos	16,1	15,3
Companhias ligadas	2,6	3,3
Outros	0,0	0,0
Passivo não circulante	18,8	18,6
Capital social	34,5	35,9
Reservas	30,5	24,2
Patrimônio líquido	65,0	60,1
Passivo e patrimônio líquido	100,0	100,0

Análise vertical da DRE

Para se fazer a análise vertical da demonstração de resultados do exercício deve-se comparar cada um dos componentes em relação às vendas líquidas do período.

Apresentamos, na tabela 15, a análise vertical dos principais subgrupos da DRE da empresa ABC, do ano 1 ao ano 4.

Tabela 15
ANÁLISE VERTICAL DA DEMONSTRAÇÃO DE RESULTADOS DA CIA. ABC (%)

Demonstração de resultados do exercício	Ano 1	Ano 2
Vendas brutas	119,0	119,0
– Impostos s/ vendas	19,0	19,0
Vendas líquidas	100,0	100,0
– Custo dos produtos vendidos	73,1	78,3
Lucro bruto	26,9	21,7
– Despesas comerciais	10,9	10,8
– Despesas administrativas	8,7	9,5
Lucro da atividade	7,3	1,4
+ Receitas financeiras	0,3	0,2
– Despesas financeiras	2,5	7,3
Lucro antes do imposto de renda	5,2	–5,6
– Imposto de renda e CSLL	1,8	0,0
Lucro líquido	3,4	–5,6

Como o CPV caiu menos do que as vendas brutas, o lucro bruto passou a representar 21,7% das vendas líquidas (margem bruta) contra 26,9% no ano anterior.

Com o maior endividamento de curto prazo, ocorreu um forte aumento das despesas financeiras no segundo ano (consumiram 7,3% das vendas líquidas contra 2,5% no primeiro ano). A combinação de queda nas vendas com a elevação das despesas financeiras provocou vigorosa queda no resultado líquido. Isso provocou uma queda na margem líquida (relação entre resultado líquido e vendas líquidas), que evoluiu de 3,4% no primeiro ano para –5,6% no segundo.

Considerações finais

Neste capítulo apresentamos instrumentos preliminares de análise, como as análises horizontal e vertical do balanço patrimonial e da demonstração de resultados. No próximo capítulo apresentaremos os principais indicadores convencionais.

4

Análise de indicadores convencionais

Os demonstrativos contábeis visam evidenciar,[4] para os diversos clientes da informação contábil, os reflexos das decisões operacionais, de investimento e de financiamento na situação econômica e financeira. Quando verificamos a análise, desejamos avaliar a empresa quanto à capacidade de geração de lucros (situação econômica) e de honrar as obrigações no prazo acordado (situação financeira).

Este capítulo trata da análise econômico-financeira com base na construção de índices tradicionais, que serão divididos em dois grupos: índices de estrutura patrimonial e indicadores de cobertura. Em seguida, apresentaremos um estudo da alavancagem operacional, financeira e combinada.

---

[4] Evidenciação: princípio maior da contabilidade. Como ciência, a contabilidade apoia-se em princípios geralmente aceitos, que são responsáveis pela boa escrituração e informação aos diversos usuários da informação contábil. Os princípios estão a serviço da boa e correta informação ou da evidenciação.

Índices de estrutura patrimonial

Os índices de estrutura patrimonial são extraídos do balanço patrimonial, por meio da comparação de itens do ativo com itens do passivo. O passivo de uma empresa representa a sua estrutura de financiamentos, isto é, são os recursos que a empresa vem captando (próprios e de terceiros) para financiar sua atividade. A seleção dos fundos que financiam os investimentos deve ser realizada levando-se em conta os seus custos e a capacidade de geração de caixa da empresa.

Os índices de estrutura são os relacionados com a composição dos financiamentos e aqueles que medem o grau de imobilização de recursos próprios e permanentes. A seguir apresentamos os principais índices de estrutura: endividamento total, endividamento de curto prazo, participação do capital próprio, imobilização do capital próprio, imobilização de recursos permanentes, liquidez corrente e liquidez seca.

Endividamento total

$$ET = \frac{Passivo}{Ativo\ total} \times 100$$

Corresponde à percentagem de participação de recursos de terceiros (de curto e longo prazos de vencimento) no financiamento das aplicações totais realizadas pela empresa (ativo total).

É comum a associação do risco empresarial de uma empresa ao seu nível de endividamento. Naturalmente, somente empresas endividadas podem ser levadas à falência. Desse modo, quanto maior o nível de endividamento da empresa, maior o risco. No entanto, não devemos tirar conclusões olhando apenas para esse índice, pois ele simplesmente compara as dívidas com o ativo total. Na realidade, a empresa não liquidará seus ativos para pagar suas dívidas. Esse raciocínio só seria coerente se a empresa estivesse fechando as suas portas. Assim, devemos considerar alguns pontos importantes, como os a seguir.

❑ Qual é a participação da dívida com bancos no passivo circulante?
❑ Qual é o cronograma de amortização da dívida de longo prazo?
❑ Quais são as taxas de juros reais para cada um dos financiamentos de longo prazo?
❑ Qual é a capacidade de geração de caixa operacional da empresa?

Na realidade, as dívidas da empresa serão pagas por meio da capacidade que a empresa tem de gerar recursos (principalmente os operacionais).

Tomemos a empresa ABC, nos anos 1 e 2, como exemplo (tabela 16).

Tabela 16
EVOLUÇÃO DO ÍNDICE DE ENDIVIDAMENTO TOTAL DA CIA. ABC

	Ano 1	Ano 2
Passivo	109.771	120.183
Ativo total	313.595	301.146
End. total = passivo/ativo total	35%	39,9%

Endividamento de curto prazo

$$ECP = \frac{\text{Passivo circulante}}{\text{Ativo total}} \times 100$$

Corresponde à percentagem de participação de recursos de terceiros de curto prazo no financiamento do ativo total da empresa. Como exemplo tomemos a empresa ABC nos anos 1 e 2, conforme tabela 17.

Tabela 17
EVOLUÇÃO DO ÍNDICE DE ENDIVIDAMENTO DE CURTO PRAZO DA CIA. ABC

	Ano 1	Ano 2
Passivo circulante	50.917	64.128
Ativo total	313.595	301.146
End. de curto prazo = passivo circulante/ativo total	16,2%	21,3%

Participação do capital próprio

$$PCP = \frac{\text{Patrimônio líquido}}{\text{Ativo total}} \times 100$$

Mostra a participação das fontes próprias no financiamento do ativo total da empresa. Naturalmente, a soma deste índice com o endividamento total da empresa resultará em 100%.

Tomemos como exemplo a empresa ABC, nos anos 1 e 2, conforme a tabela 18.

Tabela 18
EVOLUÇÃO DO ÍNDICE DE PARTICIPAÇÃO DO CAPITAL PRÓPRIO DA CIA. ABC

	Ano 1	Ano 2
Patrimônio líquido	203.824	180.962
Ativo total	313.595	301.146
Participação capital próprio = patrimônio líquido/ativo total	64,9%	60,1%

Índice D/E — Relação dívidas/patrimônio líquido (em inglês, debt/equity)

$$D/E = \frac{\text{Dívida financeira}}{\text{Patrimônio líquido}} \times 100$$

onde a dívida financeira é igual à parcela do passivo exigível gerador de despesas financeiras.

Este índice nos diz quantos reais de fontes externas a empresa captou para cada real de fontes próprias.

Como exemplo usemos a empresa ABC, nos anos 1 e 2, conforme a tabela 19.

Tabela 19
EVOLUÇÃO DO ÍNDICE D/E DA CIA. ABC

	Ano 1	Ano 2
Dívida financeira	61.038	95.429
Patrimônio líquido	203.824	180.962
D/E = dívida financeira/patrimônio líquido	29,9%	52,7%

Normalmente, quanto maior o índice de endividamento de uma empresa e quanto maiores forem as taxas de juros, maior será a probabilidade de a empresa não conseguir satisfazer todos os seus compromissos, principalmente se ocorrerem situações adversas, como uma desaceleração na economia ou uma recessão.

Não existe um índice padrão de endividamento para uma empresa. Na realidade, o nível razoável de endividamento varia de acordo com o tipo de negócio. Por exemplo, empresas com grandes montantes de ativo fixo e fluxos de caixa operacionais estáveis têm tendência a índices de endividamento de longo prazo mais elevados e podem se beneficiar disso (dado que o custo da dívida é menor que o do capital próprio).

Por outro lado, para empresas com vendas instáveis e que trabalhem com elevados custos fixos, níveis de endividamento elevado devem sempre ser evitados, pois, se ocorrer queda nas vendas, haverá uma queda ainda mais forte no lucro da atividade, podendo resultar em prejuízo líquido, dependendo do tamanho da dívida e das despesas financeiras. Da mesma forma, empresas com risco tecnológico não devem se endividar em demasia, pois possuem grandes montantes em ativos intangíveis e maior incerteza em relação aos fluxos de caixa futuros.

É importante comparar estes índices de endividamento com a média do setor, verificar sua evolução ao longo do tempo, além de analisar o seu custo. Deve-se verificar se parte da dívida onerosa da empresa é subsidiada, como, por exemplo, financiamentos com o Banco Nacional de Desenvolvimento Econômico e Social (BNDES), e se a taxa de retorno dos ativos supera os juros da dívida.

Se o retorno sobre o ativo supera o custo do endividamento, pode ser vantajoso para a empresa trabalhar com capital de terceiros, aproveitando-se de uma alavancagem financeira favorável, pois, dessa forma, eleva-se a rentabilidade do acionista (relação entre lucro líquido e patrimônio líquido).

No entanto, esse endividamento tem um limite, já que, a partir de um certo ponto, o risco de insolvência cresce de tal forma que qualquer mudança desfavorável na conjuntura econômica pode provocar sérios problemas de caixa para a empresa.

Ao compararmos o fluxo de caixa gerado pela atividade operacional de uma companhia com sua dívida, é possível verificar o risco do seu endividamento. O fluxo de caixa operacional representa os resultados de caixa produzidos pelos ativos diretamente relacionados à atividade operacional da empresa. Dependendo da capacidade de geração de recursos da companhia, ela poderá até mesmo apresentar um endividamento total (passivo exigível sobre ativo total) maior do que uma outra e, ao mesmo tempo, pode representar um risco financeiro menor.

Por exemplo, consideremos as empresas A e B, com os respectivos índices de endividamento (ELP significando exigível de longo prazo):

END = [(passivo circulante + ELP)/ativo total]
$END_A = 50\%$ e $END_B = 60\%$

Se compararmos as dívidas de cada empresa com os seus respectivos fluxos de caixa operacionais (FCO) anuais, teremos uma noção melhor do risco financeiro de cada empresa. Suponhamos que o FCO/dívida da empresa A seja igual a 40% e o FCO/dívida da empresa B seja igual a 70%.

Neste caso, fica evidente que a empresa B, apesar de possuir uma dívida maior em relação ao ativo total do que a da empresa A, apresenta um risco menor (supondo que os FCOs sejam estáveis), pois seu FCO gerado no ano cobre 70% da dívida, ao passo que o FCO da empresa A cobre apenas 40% da dívida.

Por meio do FCO pode-se estabelecer a capacidade de amortização das dívidas da empresa e, desta forma, a necessidade de adequar melhor o perfil de pagamentos do passivo com sua geração de caixa.

Caso a empresa não gere FCOs suficientes para amortizar as dívidas e pagar os juros, ela se verá forçada a ter que renovar constantemente seus passivos ou, então, terá que obter novos recursos (muitas vezes de curto prazo) com o intuito de saldar seus compromissos.

Segundo Leite e Hopp (1989):

> As relações entre fluxos de caixa e estoques de dívidas parecem mais efetivas na avaliação de solvência. Com efeito, a previsão de falências (um evento raro) e a previsão de dificuldades financeiras (um evento mais comum) são exercícios de antecipação de cenários operacionais críticos para a empresa, os quais somente podem ser esboçados a partir de um razoável conhecimento da operação que ela desenvolve e das condições do setor específico onde ela está estabelecida... Com relação, especificamente, à contribuição da análise econômico-financeira

tradicional ao exercício de previsão de falências ou de crises de liquidez, cremos que ela tem sido supervalorizada. Um detalhado exame da sequência de demonstrativos de fluxo de caixa irá ilustrar melhor a iminência de uma deterioração financeira. O ritmo das entradas de caixa provenientes das operações deve estar coerente com os desembolsos por elas provocados e com a cobertura do serviço da dívida. O ritmo dos investimentos permanentes novos deve estar coerente com a disponibilidade de fundos levantados junto aos acionistas, credores de longo prazo, ou acumulados pelas próprias operações. O diagnóstico se resume, portanto, numa análise de tendências desses fluxos, de forma dinâmica, por um analista não apenas inteirado dos demonstrativos financeiros básicos da empresa, mas, sobretudo, bem informado sobre o negócio da empresa e a situação do seu setor; jamais esse diagnóstico pode se limitar a uma divisão elementar de saldos devedores por saldos credores.

O próprio valor econômico de uma empresa não depende do valor contábil dos ativos, mas sim da capacidade dos ativos em gerar FCO.

Imobilização do capital próprio

$$ICP = \frac{\text{Ativo não circulante} - \text{R.L.P.}}{\text{Patrimônio líquido} + \text{Passivo não circulante}} \times 100$$

Em princípio, os componentes do ativo permanente devem ser financiados por recursos próprios e, quando forem insuficientes, devem ser complementados por recursos de terceiros, desde que amortizáveis a longo prazo.

Quanto maior o grau de imobilização do capital próprio, maior a alavancagem da empresa, pois uma parcela maior do ativo permanente está sendo financiada com recursos de terceiros.

Não existe um índice padrão para a imobilização do capital próprio. Este depende do setor de atuação e do tamanho do empreendimento. O aumento do ativo não circulante pode ser considerado normal numa fase de implantação, expansão da capacidade produtiva do empreendimento ou quando a empresa faz investimentos em modernização para reduzir custos.

O importante é que a parcela desses investimentos que não for financiada por recursos próprios seja-o por recursos de terceiros de longo prazo, e nunca de curto prazo, pois a empresa precisa de tempo para elevar a geração de caixa operacional (por elevação de receitas ou redução de custos) e, dessa forma, conseguir pagar os juros e amortizar o principal, ou seja, o prazo de amortização tem que ser compatível com a capacidade de geração de caixa.

No entanto, investimento em expansão da capacidade implica risco, pois eleva os custos fixos da empresa, contribuindo para elevar também o ponto de equilíbrio (volume de vendas que iguala os custos totais à receita total, de modo que o lucro fique em zero). Assim, se as vendas não corresponderem aos investimentos realizados, a consequência imediata será a queda nos resultados da empresa.

Por outro lado, investimentos em ativo permanente para modernização, ou seja, que tenham como objetivo a redução de custos fixos, produzem o efeito de diminuir o risco da empresa.

É muito importante verificar se houve adição (ou baixa) no ativo permanente no período.

Um aumento desse índice pode ter sido provocado por:

❑ investimentos em ativo não circulante financiados com capital de terceiros;
❑ prejuízo líquido (redução do patrimônio líquido).

Uma redução desse índice pode ter sido provocada por:

❑ venda de ativo não circulante;
❑ aporte de capital;
❑ lucro líquido (aumento do patrimônio líquido).

Tomemos a empresa ABC, nos anos 1 e 2, como exemplo (tabela 20).

Tabela 20
Evolução do índice de imobilização do capital próprio da Cia. ABC

	Ano 1	Ano 2
Ativo não circulante menos R.L.P.	180.019	180.931
Patrimônio líquido	203.824	180.962
ICP = ativo não circulante menos R.L.P./ patrimônio líquido	88,32%	99,98%

A combinação de prejuízo líquido no segundo ano e aumento dos investimentos não circulantes menos R.L.P. fez com que o índice de imobilização do capital próprio aumentasse de 88,32% para 99,98%, o que tornou a empresa mais alavancada, pois uma parcela maior dos investimentos permanentes (ativo não circulante menos R.L.P.) passou a ser financiada com recursos de terceiros.

Imobilização de recursos permanentes

$$IRP = \frac{\text{Ativo não circulante} - R.L.P.}{\text{Patrimônio líquido} + \text{Passivo não circulante}} \times 100$$

Esse índice compara os investimentos não circulantes menos R.L.P. com o total de recursos permanentes (patrimônio líquido + passivo não circulante), ou seja, revela a percentagem dos recursos permanentes que se encontram aplicados nos investimentos permanentes.

Uma empresa possui dois tipos de investimentos fundamentais: um relacionado com a instalação da capacidade produtiva (prédios, instalações, máquinas, equipamentos, veículos etc.) e outro relacionado com o giro dos negócios (estoques, duplicatas a receber etc.).

Quanto maior for a imobilização de recursos permanentes, menor será a parcela dos recursos permanentes destinados a financiar o giro dos negócios.

Empresas que giram rapidamente os seus estoques e contas a receber (acarretando necessidade de capital de giro pequena ou negativa) podem trabalhar com um índice maior de imobilização de recursos permanentes. Por outro lado, empresas que levem mais tempo para renovar seus estoques e contas a receber deveriam ter uma menor imobilização de recursos permanentes e, consequentemente, maiores parcelas de recursos permanentes destinados ao giro.

Como exemplo utilizemos a empresa ABC, nos anos 1 e 2, conforme a tabela 21.

Tabela 21
EVOLUÇÃO DO ÍNDICE DE IMOBILIZAÇÃO DOS RECURSOS PERMANENTES DA CIA. ABC

	Ano 1	Ano 2
Ativo não circulante menos R.L.P.	180.019	180.931
Passivo não circulante	58.854	56.055
Patrimônio líquido	203.824	180.962
IRP = (ativo não circulante – R.L.P.) (patrimônio líquido + passivo não circulante)	68,5%	76,3%

A combinação de prejuízo líquido no segundo ano, a transferência da dívida de longo para curto prazo, o pagamento da dívida com companhias ligadas e o aumento do ativo permanente fizeram com que o índice de imobilização dos recursos permanentes aumentasse de 68,5% para 76,3%, prejudicando o equilíbrio financeiro da empresa, pois diminuiu a parcela dos recursos de longo prazo direcionada para financiar sua necessidade de capital de giro.

Índice de liquidez corrente

$$ILC = \frac{\text{Ativo circulante}}{\text{Passivo circulante}}$$

Avalia o quanto existe de ativo circulante para cada R$ 1 de passivo circulante num determinado momento. Ou seja, empresas com índice de liquidez maior que 1 trabalham com capital de giro (ativo circulante menos passivo circulante) positivo, e empresas com índice de liquidez corrente menor do que 1 o fazem com capital de giro negativo.

Suponhamos uma empresa que num determinado momento tenha R$ 3 mil de ativos circulantes e R$ 2 mil de passivos circulantes. O índice de liquidez corrente é igual a 1,5. Uma definição básica indicaria que para cada R$ 1 de dívidas vencíveis no curto prazo a empresa dispõe de R$ 1,50 de bens e direitos em seu ativo circulante. Os índices de liquidez comparam ativos e passivos circulantes com o objetivo de medir a capacidade financeira da empresa. No entanto, não é possível afirmarmos que quanto maior for o índice de liquidez corrente melhor estará a empresa. Como veremos no próximo capítulo, determinadas contas do ativo e do passivo circulante possuem uma característica de renovação, como, por exemplo, estoques, duplicatas a receber, fornecedores, obrigações fiscais. Estas contas são altamente relacionadas com a atividade operacional.

Assim, deve-se tomar cuidado ao se olhar isoladamente o índice de liquidez corrente, pois este não compara os prazos de pagamento das dívidas operacionais com os prazos de renovação dos ativos operacionais.

Além disso, o índice de liquidez corrente não revela a qualidade do ativo circulante. Por exemplo, uma empresa pode estar carregada de estoques "invendáveis", pois produziu muito acima do que consegue vender, ou de duplicatas a receber "incobráveis", pois vendeu muito para empresas que estão em dificuldade. Dessa forma, a análise financeira correta deve se basear num estudo detalhado da necessidade de capital de giro da companhia, o que será visto no próximo capítulo.

O recebimento gerado por meio da rotação dos ativos é que permitirá à empresa pagar as suas dívidas nos prazos previstos. Quando uma empresa compra a prazo, ela sabe com antecedência as condições de crédito e as datas de vencimento das obrigações. A dificuldade existe em prever quando ocorrerão as entradas de caixa. Quanto maior o prazo de estocagem e de recebimento das vendas, e quanto mais imprevisíveis forem as entradas de caixa, maior deverá ser o seu capital circulante líquido, ou sua liquidez corrente. Por outro lado, quanto maior o prazo médio de pagamento, menor poderá ser o índice de liquidez corrente.

Tomemos como exemplo a empresa ABC, nos anos 1 e 2, conforme tabela 22.

Tabela 22
EVOLUÇÃO DO ÍNDICE DE LIQUIDEZ CORRENTE DA CIA. ABC

	Ano 1	Ano 2
Ativo circulante	126.610	111.292
Passivo circulante	50.917	64.128
ILC = ativo circulante/passivo circulante	2,49	1,74

Apesar do forte aumento nos estoques, o índice de liquidez caiu de 2,49 para 1,74, consequência principalmente da queda das aplicações financeiras e do forte crescimento dos empréstimos de curto prazo.

Índice de liquidez seca

$$ILS = \frac{\text{Ativo circulante} - \text{estoques}}{\text{Passivo circulante}}$$

Avalia o quanto existe de ativo circulante (sem considerar os estoques) para cada R$ 1 de passivo circulante num determinado momento.

Este índice procura analisar a situação financeira a partir da premissa de que os estoques não se realizam, simplesmente se renovam, e por isso devem ser desconsiderados do numerador.

No entanto, é importante destacar que existem outros ativos circulantes, além dos estoques, que têm característica operacional, como duplicatas a receber e adiantamentos a fornecedores. Assim, deve-se tomar cuidado ao se olhar isoladamente este índice, pois, da mesma forma que o índice de liquidez corrente, ele não compara os prazos de pagamento das dívidas operacionais com os prazos de renovação dos ativos operacionais.

Tomemos como exemplo a empresa ABC, nos anos 1 e 2, conforme a tabela 23.

Tabela 23
EVOLUÇÃO DO ÍNDICE DE LIQUIDEZ SECA DA CIA. ABC

	Ano 1	Ano 2
Ativo circulante	126.610	111.292
Estoques	43.533	53.246
Passivo circulante	50.917	64.128
ILS = (ativo circ. − estoques)/passivo circ.	1,63	0,91

O índice de liquidez seca caiu para 0,91, queda maior do que a do índice de liquidez corrente, consequência do forte aumento nos estoques.

A seguir serão apresentados os principais índices de cobertura: índice de cobertura de juros e índice de cobertura de dívidas.

Índices de cobertura

Índice de cobertura dos juros

$$ICJ = \frac{\text{Lucro da atividade}}{\text{Despesas financeiras}} \times 100$$

Este índice propõe-se a verificar a capacidade da empresa de gerar caixa operacional para arcar com as despesas de juros. Como exemplo temos a empresa ABC, nos anos 1 e 2, conforme a tabela 24.

Tabela 24
EVOLUÇÃO DO ÍNDICE DE COBERTURA DE JUROS DA CIA. ABC

	Ano 1	Ano 2
Lucro da atividade	36.652	5.886
Despesas financeiras	12.436	29.732
ICJ = lucro da atividade/despesas financeiras	294,7%	19,8%

Índice de cobertura de dívidas

$$ICD = \frac{FCO}{\text{Passivo exigível}} \times 100$$

Este índice propõe-se a mostrar que percentual do passivo exigível poderia ser pago através da geração de caixa operacional do ano. Quanto maior for o índice, melhor.

Como exemplo, a empresa ABC, nos anos 1 e 2, conforme a tabela 25.

Tabela 25
EVOLUÇÃO DO ÍNDICE DE COBERTURA DE DÍVIDAS DA CIA. ABC

	Ano 1	Ano 2
FCO	52.329	18.888
Passivo exigível	109.771	120.183
ICD = FCO/passivo exigível	47,67%	15,72%

Estudo da alavancagem operacional e financeira

Alavancagem significa a capacidade de uma empresa utilizar ativos ou recursos a um custo fixo (operacional e financeiro) de forma a maximizar o retorno para seus proprietários. Alavancagens crescentes significam um maior retorno esperado, mas também um maior risco.

Os níveis de ativos e recursos de custo fixo que a administração seleciona afetam a variabilidade dos retornos, ou seja, o risco empresarial.

Existem três formas de analisar a alavancagem: operacional, financeira e total.

A alavancagem operacional é determinada pela relação entre as receitas de vendas da empresa e seu lucro da atividade (lucro antes dos juros e imposto de renda — Lajir). A alavancagem financeira refere-se à relação entre o Lajir e o lucro líquido.

A alavancagem total é determinada pela relação entre a receita de vendas da empresa e o lucro líquido. Mas, antes do exame detalhado dos três conceitos de alavancagem, será usada a análise do ponto de equilíbrio para demonstrar os efeitos dos custos fixos nas operações da empresa.

Figura 6
ALAVANCAGENS OPERACIONAL, FINANCEIRA E TOTAL

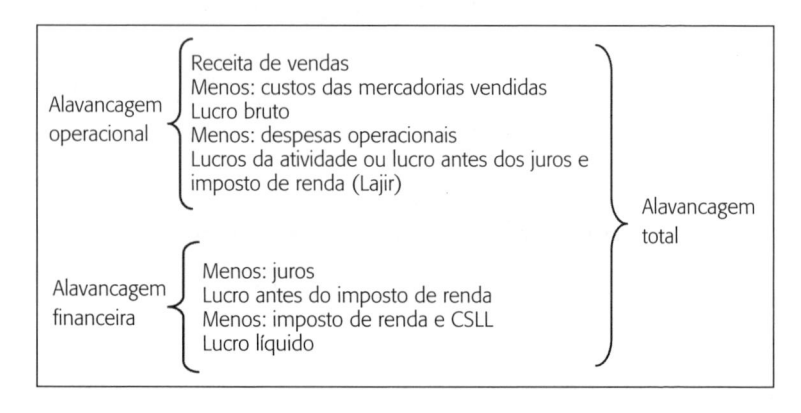

Alavancagem operacional	Receita de vendas Menos: custos das mercadorias vendidas Lucro bruto Menos: despesas operacionais Lucros da atividade ou lucro antes dos juros e imposto de renda (Lajir)	Alavancagem total
Alavancagem financeira	Menos: juros Lucro antes do imposto de renda Menos: imposto de renda e CSLL Lucro líquido	

Formato geral da demonstração do resultado e tipos de alavancagem

Análise do ponto de equilíbrio

A análise do ponto de equilíbrio, às vezes chamada de análise custo-volume-lucro, é usada pela empresa para:

- determinar o nível de operações necessárias para cobrir todos os custos operacionais;
- avaliar a lucratividade associada a vários níveis de vendas.

O ponto de equilíbrio operacional de uma empresa é o nível de vendas necessário para cobrir todos os custos operacionais. Nesse ponto de equilíbrio, os lucros antes dos juros e impostos são iguais a zero. O primeiro passo para encontrar o ponto de equilíbrio operacional é dividir o custo de produtos vendidos e despesas operacionais em custos operacionais fixos e variáveis. Os custos fixos são uma função do tempo, e não do volume de vendas, sendo tipicamente contratuais; aluguel, por exemplo, é um custo fixo. Os custos variáveis mudam de acordo com as vendas, ou seja, dependem do volume de vendas, e não do tempo; custos de matéria-prima, por exemplo, são custos variáveis.

Usando as variáveis a seguir, pode-se representar a parte operacional da demonstração do resultado da empresa, conforme mostrado no lado direito da figura 7, onde:

p = preço de venda por unidade
q = quantidade de vendas por unidades
F = custo operacional fixo por período
v = custo operacional variável por unidade

Figura 7
ALAVANCAGEM OPERACIONAL

Item		Representação algébrica
Alavancagem operacional	Receita de vendas Menos: custos operacionais fixos Menos: custos operacionais variáveis Lucro antes dos juros e imposto de renda	(p × q) F − (v × q) Lajir

Análise geral do ponto de equilíbrio, custos e alavancagem

Reescrevendo os cálculos algébricos como fórmula do lucro antes dos juros e do imposto de renda (equivalente ao lucro da atividade), obtém-se a equação: Lajir = (p × q) − F − (v × q). Simplificando a equação, obtém-se: Lajir = q × (p − v) − F.

Conforme se pode notar, o ponto de equilíbrio da empresa é definido como o nível de vendas no qual todos os custos operacionais são cobertos; isto é, o nível em que o Lajir se iguala a zero. Colocando o Lajir igual a zero e solucionando a equação para q, obtém-se: q = F / (p − v), onde q é ponto de equilíbrio da empresa.

Observe, nos exemplos a seguir, o Lajir para vários níveis de vendas.

Figura 8
ALAVANCAGEM OPERACIONAL: CENÁRIOS

	Cenário 2		Cenário 1
	− 50%		+ 50%
Vendas (em unidades)	500	1.000	1.500
Receita de vendas[a]	$ 5.000	$ 10.000	$ 15.000
Menos: custos operacionais variáveis[b]	2.500	5.000	7.500
Menos: custos operacionais fixos	2.500	2.500	2.500
Lucro da atividade (Lajir)	0	$ 2.500	$ 5.000
	− 100%		+ 100%

[a] Receita de vendas = $ 10 por unidade × vendas em unidades.
[b] Custos operacionais variáveis = $ 5 por unidade × vendas em unidades.

Na análise de ponto de equilíbrio e alavancagem operacional, temos:

- caso 1 — um *aumento* de 50% nas vendas, (de 1.000 para 1.500 unidades) resulta num *aumento* de 100% do Lajir (de $ 2.500 para $ 5.000);
- caso 2 — uma *queda* de 50% nas vendas (de 1.000 para 500 unidades) resulta numa *queda* de 100% nos lucros antes dos juros e impostos (de $ 2.500 para $ 0).

Do exemplo anterior você pode observar, leitor, que a alavancagem operacional funciona em ambas as direções. Quando a empresa tem custos operacionais fixos, a alavancagem operacional está presente: um aumento nas vendas resulta em um aumento mais do que proporcional no lucro da atividade; uma queda nas vendas resulta em uma queda mais que proporcional no lucro da atividade.

Grau de alavancagem operacional

A alavancagem operacional é a capacidade que a empresa possui, de acordo com sua estrutura de custos fixos, para implementar um aumento nas vendas e gerar um aumento mais que proporcional nos resultados. Por outro lado, quanto maior é a alavancagem operacional, maior será a queda nos resultados quando ocorrer uma queda nas vendas.

O grau de alavancagem operacional (GAO) demonstra quanto uma alteração no nível de vendas afeta o resultado da atividade da empresa, conforme equação a seguir:

$$GAO = \frac{\Delta \text{ Lucro da atividade}}{\Delta \text{ Vendas}}$$

As empresas que apresentam maior potencial para alavancar o lucro da atividade quando as vendas crescem são aquelas que trabalham com um peso maior de custos e despesas fixas em relação aos custos e despesas totais. No entanto, quanto maior é o grau de alavancagem operacional, maior é o ponto de equilíbrio e mais alto é o risco, pois, se houver uma queda das vendas, elas sofrerão uma queda maior no seu resultado da atividade.

O volume de custos fixos é determinado pelo tipo de processo de produção adotado pela empresa e pela tecnologia empregada. Dependendo do setor, maior ou menor é o volume de custos fixos. Empresas que exigem grandes investimentos em ativo permanente costumam ter um elevado nível de custos fixos e, consequentemente, uma alta alavancagem operacional.

A empresa Alfa, apresentada a seguir na tabela 26, tem um peso elevado de custos fixos, e por isso trabalha com um elevado grau de alavancagem operacional (GAO = 3,88). Por exemplo, no cenário 1, quando as vendas cresceram 10%, o lucro da atividade cresceu 38,8% (ou, então, um crescimento de 1% nas vendas corresponde a um crescimento de 3,88% no lucro da atividade). No cenário 2, quando as vendas reduziram-se em 10%, o lucro da atividade caiu 38,8%.

Tabela 26
ALAVANCAGEM OPERACIONAL
EMPRESA ALFA: CENÁRIOS 1 E 2

DRE	Ano 1	AV(%)	Cenário 1		Cenário 2	
			Ano 2	AV(%)	Ano 2	AV(%)
Vendas brutas	10.000		11.000		9.000	
– Impostos sobre vendas	2.000		2.200		1.800	
Vendas líquidas	8.000	100	8.800	100	7.200	82
– Depreciação	600	8	600	7	600	7
– Outros custos fixos	3.500	44	3.500	40	3.500	40
– Custo variável	1.500	19	1.650	19	1.350	15
Lucro bruto	2.400	30	3.050	35	1.750	20
– Despesas comerciais	300	4	330	4	270	3
– Despesas administrativas	500	6	500	6	500	6

continua

		Cenário 1		Cenário 2	
DRE	Ano 1 AV(%)	Ano 2	AV(%)	Ano 2	AV(%)
Lucro atividade	1.600 20	2.220	25	980	11
– Despesas financeiras	700 9	700	8	700	8
+ Receitas financeiras	40 1	40	0	40	0
Lair	940 12	1.560	18	320	4
– Imposto de renda e CSLL	320 3	530	0	109	0
Lucro líquido	620 9	1.030	18	211	4

Já na empresa Beta, apresentada na tabela 27, os custos são em grande parte variáveis e, por isso, ela trabalha com um baixo nível de alavancagem operacional (GAO = 2,0). Por exemplo, no cenário 1 (crescimento de 10% nas vendas) o lucro da atividade cresceu 20% e no cenário 2 (queda de 10% nas vendas) o lucro da atividade caiu 20%.

Tabela 27
ALAVANCAGEM OPERACIONAL
EMPRESA BETA: CENÁRIOS 1 E 2

			Cenário 1		Cenário 2	
DRE	Ano 1	AV(%)	Ano 2	AV(%)	Ano 2	AV(%)
Vendas brutas	10.000		11.000		9.000	
– Impostos sobre vendas	2.000		2.200		1.800	
Vendas líquidas	8.000	100	8.800	100	7.200	82
– Depreciação	600	8	600	7	600	7
– Outros custos fixos	500	6	500	6	500	6
– Custo variável	4.500	56	4.950	56	4.050	46
Lucro bruto	2.400	30	2.750	31	2.050	23
– Despesas comerciais	300	4	330	4	270	3
– Despesas administrativas	500	6	500	6	500	6
Lucro atividade	1.600	20	1.920	22	1.280	15
– Despesas financeiras	700	9	700	8	700	8
+ Receitas financeiras	40	1	40	0	40	0
Lair	940	12	1.260	14	620	7
– Imposto de renda e CSLL	320	3	428	0	211	0
Lucro líquido	620	9	832	14	409	7

Num caso extremo no qual uma empresa trabalhasse apenas com custos e despesas operacionais variáveis, seu grau de alavancagem operacional seria igual a 1,00, ou seja, o lucro da atividade acompanharia na íntegra a evolução das vendas. Por exemplo, se as vendas crescessem 10%, o lucro da atividade cresceria 10%; se as vendas sofressem uma queda de 10% o lucro da atividade cairia 10%.

Grau de alavancagem financeira

A alavancagem financeira resulta da presença de encargos financeiros fixos na demonstração de resultados da empresa. Ela pode ser definida como a capacidade da empresa para usar encargos financeiros fixos (juros da dívida) a fim de maximizar os efeitos de variações no lucro da atividade (que equivale ao Lajir) sobre o lucro líquido da empresa. Os juros devem ser pagos independentemente do montante de lucro da atividade disponível para pagá-los. O exemplo a seguir ilustra como funciona a alavancagem financeira.

O grau de alavancagem financeira demonstra quanto uma alteração no nível do lucro da atividade afeta o resultado líquido da empresa.

$$GAF = \frac{\Delta \text{Lucro líquido}}{\Delta \text{Lucro da atividade}}$$

Na tabela 28 podemos verificar o grau de alavancagem financeira de 1,70 para a empresa Beta.

No cenário 1 (crescimento de 10% no lucro da atividade) o lucro líquido cresceu 17%, e no cenário 2 (queda de 10% no lucro da atividade) o lucro líquido caiu 17%.

Empresas com resultados operacionais mais incertos, isto é, com forte oscilação nas vendas e que trabalhem com elevados custos e despesas operacionais fixos, tendem a apresentar probabilidade mais elevada de dificuldades financeiras, e por isso devem recorrer a menos capital de terceiros. Por outro lado, empresas com risco econômico baixo, ou seja, baixa oscilação nas vendas e com baixa alavancagem operacional, apresentam baixa probabilidade de terem dificuldades financeiras e, desta forma, podem trabalhar com maior endividamento (elevada alavancagem financeira).

Tabela 28
ALAVANCAGEM FINANCEIRA
EMPRESA BETA: CENÁRIOS 1 E 2

DRE	Ano 1	Cenário 1 Ano 2	Cenário 2 Ano 2
Lucro atividade	1.600	1.760	1.440
– Despesas financeiras	700	700	700
+ Receitas financeiras	40	40	40
Lair	940	1.100	780
– Imposto de renda e CSLL	320	374	265
Lucro líquido	620	726	515

A alavancagem combinada ou total

O efeito combinado da alavancagem operacional e financeira no risco da empresa pode ser avaliado por meio de um esquema semelhante àquele usado para desenvolver os conceitos individuais de alavancagem. Esse efeito combinado, ou alavancagem total, pode ser definido como o uso potencial de custos fixos, tanto operacionais como financeiros, para aumentar o efeito de variações nas vendas sobre o lucro líquido. Portanto, a alavancagem total pode ser considerada o impacto total dos custos fixos na estrutura operacional e financeira da empresa.

O grau de alavancagem total (GAT) é a medida numérica da alavancagem total da empresa. Pode ser obtido da mesma forma que aquela usada para medir as alavancagens operacional e financeira. A equação a seguir apresenta um método para medir a alavancagem total.

$$GAT = \frac{\text{Variação percentual no lucro líquido}}{\text{Variação percentual nas vendas}}$$

Sempre que a variação percentual no lucro líquido resultante de uma dada variação percentual nas vendas for maior do que a variação percentual nestas últimas, existirá alavancagem total. Isso significa que, se o GAT for superior a 1, haverá alavancagem total. Quanto maior esse quociente, tanto maior será o grau de alavancagem total. Conforme exemplo anterior, você pode verificar, leitor, que a empresa Alfa trabalha com grau de alavancagem total igual a 6,6 e a empresa Beta com uma alavancagem total de 3,4.

Considerações finais

Neste capítulo apresentamos os principais indicadores tradicionais de estrutura, rentabilidade e liquidez, e um estudo dos graus de alavancagem operacional, financeira e total. No próximo capítulo apresentaremos o modelo de análise dinâmica de empresas, modelo esse que gerou um enorme avanço na análise da capacidade financeira das empresas.

5

Análise da dinâmica financeira das empresas

Neste capítulo abordaremos a análise das capacidades de sobrevivência e crescimento no longo prazo das empresas a partir do estudo do comportamento de três relevantes variáveis da dinâmica financeira das mesmas, que são: o capital de giro (CDG), a necessidade de capital de giro (NCG) e o saldo de tesouraria (T).

As bases conceituais de um modelo integrado de análise

Por entendermos que as formas tradicionais de mensuração das capacidades de sobrevivência e crescimento no longo prazo das empresas já não respondem adequadamente às necessidades informativas próprias dos processos decisórios de financiamento e investimento direto, fomos levados à pesquisa de um modelo integrado de análise que fornecesse explicações completas e articuladas sobre as causas das modificações ocorridas na situação financeira das empresas, em especial sobre o nível de liquidez.

Essa pesquisa nos revelou o trabalho de Michel Fleuriet, que nos descreve um modelo de análise fundamentado na dinâmica financeira das empresas. As bases conceituais e os exemplos de aplicação desse modelo serão descritos nas unidades seguintes.

Em seu modelo dinâmico, Fleuriet nos revela que a liquidez de uma empresa pode ser evidenciada, no nível do balanço patrimonial, pela estrutura resultante da combinação de três principais variáveis, identificadas como NCG, CDG e saldo de tesouraria (T).

A necessidade de capital de giro

Conceitualmente, a NCG corresponde à necessidade líquida de investimento permanente de fundos para garantir o giro normal das operações de uma empresa. Historicamente, essa necessidade de capital pode ser mensurada pela diferença entre os saldos de seus ativos e passivos circulantes de origem estritamente operacional (ativos e passivos operacionais ou cíclicos).

$$NCG = ACO - PCO$$

em que:
❏ NCG = necessidade de capital de giro;
❏ ACO = ativos circulantes operacionais;
❏ PCO = passivos circulantes operacionais.

Os valores a receber de clientes, os estoques, os títulos a receber, as despesas antecipadas e os adiantamentos a fornecedores são exemplos de ativos cíclicos, enquanto os valores devidos a fornecedores, os salários a pagar, os impostos operacionais a recolher (imposto sobre circulação de mercadorias e serviços — ICMS, imposto sobre produtos industrializados — IPI etc.), as contas a pagar e os adiantamentos de clientes o são de passivos cíclicos. Esses valores, embora considerados, na estrutura patrimonial, realizáveis e exigíveis no curto prazo, têm como característica predominante a renovação permanente, só se considerando a possibilidade de realização e exigibilidade na hipótese de encerramento das atividades da empresa.

O resultado dessa variável, quando positivo (ACO > PCO), revela que a empresa necessita de financiamento para manter sua atividade operacional. Por outro lado, o resultado negativo (ACO < PCO) identifica a existência de sobras de financiamentos de curto prazo obtidos de seus principais parceiros operacionais (fornecedores, governo, empregados, locadores de imóveis e demais prestadores de serviços não financeiros).

Sobre os fatores determinantes do volume da NCG de uma empresa, sabemos que eles são o nível de atividade praticado por ela e o tamanho de seu ciclo financeiro. Assim:

$$NCG = f(RBV, CF)$$

em que:
- f = função de;
- RBV = receita bruta de vendas;
- CF = ciclo financeiro ou ciclo de caixa.

O nível de atividade fica subordinado ao impacto da situação conjuntural sobre o volume de suas vendas brutas, enquanto o tamanho de seu ciclo financeiro — no âmbito do tipo de atividade a que a empresa se dedica e de acordo com a ambiência econômica e financeira do momento — fica definido pelas diretrizes de suas políticas financeiras de curto prazo (políticas de compras, de vendas, de estoques etc.).

O CF de uma empresa a que nos referimos pode ser aproximado usando-se o seguinte recurso de cálculo:

$$CF = (NCG/RBV) \times N$$

em que:

NCG = necessidade de capital de giro no período analisado;
RBV = receita bruta de vendas acumulada no período analisado;
N = número de dias do período analisado.

Sobre os dados contidos nas demonstrações financeiras da Cia. ABC, construímos um exemplo de cálculo da NCG apresentado na tabela 29.

Tabela 29
EVOLUÇÃO DA NCG (EM R$)

Nível operacional	Ano 1	Ano 2	Ano 3	Ano 4
Duplicatas receber	75.493	55.678	45.674	48.903
+ Estoques	43.533	53.246	36.789	32.124
+ Despesas antecipadas	1.232	2.368	7.654	5.439
− Fornecedores	26.260	9.896	11.231	13.487
− Obrigações fiscais	8.904	7.890	16.785	9.084
− Salários e encargos	4.443	4.333	4.500	4.583
− Contas a pagar	2.666	2.600	2.700	2.750
NCG	77.985	86.573	54.901	56.562
RBV	595.197	487.890	489.030	547.714
Ciclo financeiro	47	64	40	37

Os resultados da NCG apresentados na tabela acima nos permitem fazer as seguintes considerações:

❑ a empresa sempre necessitou de financiamento para seu investimento líquido no giro das suas operações (NCG > 0 = ACO > PCO), entretanto essa necessidade recuou de R$ 77.985 (ano 1) para R$ 56.562 (ano 4);

❑ no segundo ano a empresa combinou uma queda de 18,3% em sua RBV com um expressivo aumento no tamanho de seu CF, que passou a equivaler a 17,7% de sua NCG. Essa

combinação de fatores resultou em um aumento de 11,1% em seu esforço de financiamento para atender sua NCG;
❏ no terceiro ano a empresa combinou uma expansão de apenas 0,2% em sua RBV com uma expressiva redução no tamanho de seu CF, que passou a equivaler a apenas 11,2% (contra os 17,7% no ano 2) de sua RBV. Essa combinação de fatores resultou em um aumento de 3% em seu esforço de financiamento para atender sua NCG;
❏ no quarto ano a empresa combinou uma expansão de 12% em sua RBV com uma expressiva redução no tamanho de seu CF, que passou a equivaler a apenas 10,3% (contra os 11,2% no ano 3) de sua RBV. Essa combinação de fatores resultou em redução de 3,9% em seu esforço de financiamento para atender sua NCG.

O CF também pode ser medido considerando-se diretamente os prazos operacionais praticados pela empresa. A expressão apresentada a seguir ilustra como esse cálculo pode ser realizado.

$$CF = PME + PMR - PMP$$

em que:
PME = prazo médio de estocagem;
PMR = prazo médio de recebimentos operacionais (de vendas a prazo e outros);
PMP = prazo médio de pagamentos operacionais (de pagamento a fornecedores e outros).

Segundo o modelo integrado de análise aqui utilizado, esses prazos médios são expressos em dias de vendas, isto é, por um lado, revelam o esforço em dias de vendas necessário para cobrir os investimentos em ativos circulantes operacionais (estoques, contas a receber e outros); por outro lado, revelam a quantidade de dias de vendas antecipadas pelos créditos recebidos de financiadores operacionais de curto prazo da empresa (fornecedores, empregados, governo e outros).

Entre os prazos médios de recebimentos operacionais mais importantes estão o prazo médio de estocagem (PME) e o prazo médio de recebimento de vendas (PMRV), cujas expressões de cálculo são mostradas a seguir.

$$PME = (EST/RBV) \times N \text{ e } PMRV = (DR/RBV) \times N$$

em que:
EST = saldo da conta estoques no período analisado;
DR = saldo da conta duplicatas a receber no período analisado;
RBV = receita bruta de vendas acumulada no período analisado;
N = número de dias do período analisado.

Entre os prazos médios de pagamentos operacionais mais importantes está o prazo médio de pagamentos a fornecedores (PMPF), cuja expressão de cálculo é mostrada a seguir:

$$PMPF = (FORN/RBV) \times N$$

em que:
FORN = saldo da conta representativa das dívidas com fornecedores no período analisado.

Uma vez definida a variável NCG, passamos à exposição dos fundamentos que norteiam a interpretação da outra variável dinâmica, que é o CDG.

O capital de giro disponível

Conceitualmente, disponibilidade de capital de giro corresponde à disponibilidade de fundos de longo prazo e permanentes para o financiamento do giro das operações da empresa. Historicamente, essa disponibilidade de capital pode ser mensurada pela diferença entre os saldos de seus passivos e ativos estratégicos (ou não circulantes).

$$CDG = PNC - ANC$$

em que:
CDG = capital de giro disponível;
PNC = passivos não circulantes;
ANC = ativos não circulantes.

Os financiamentos de longo prazo, empréstimos concedidos a coligadas e os valores registrados no patrimônio líquido são exemplos de passivos não circulantes (ou estratégicos), enquanto os ativos realizáveis a longo prazo, os investimentos em participações acionárias, os valores registrados no ativo imobilizado e os valores registrados no intangível o são de ativos não circulantes (ou estratégicos). Também nesse caso, embora alguns desses valores sejam considerados, na estrutura patrimonial, realizáveis e exigíveis a longo prazo, têm como característica predominante a renovação permanente e, em alguns casos, quase que automática; logo, só se considera a possibilidade de realização e exigibilidade deles na hipótese de encerramento das atividades da empresa.

A variação do volume do capital de giro disponível de uma empresa pode ser explicada pela ocorrência dos seguintes fatores:

❑ a quantidade de fundos gerados das atividades operacionais e financeiras (autofinanciamento (AUT);
❑ o resultado não operacional (RNO);
❑ o fluxo líquido de recursos estratégicos (FLRE) corresponde às entradas e saídas de caixa derivadas da movimentação de capitais de longo prazo na empresa: realizáveis e exigíveis a longo prazo, ativos permanentes e capital social.

Ou seja:

$$\Delta CDG = \text{autofinanciamento} + \text{resultado não operacional} + \text{fluxo líquido de recursos estratégicos}$$

A quantidade de autofinanciamento gerado pelas atividades pode ser determinada a partir da seguinte expressão:

$$AUT = LLE - (RNO + REP) + DEPR - DISTR$$

em que:
- LLE = lucro líquido do exercício;
- RNO = resultado não operacional;
- REP = resultado de equivalência patrimonial;
- DEPR = depreciações e amortizações do período;
- DISTR = distribuição de lucros (dividendos em dinheiro, juros sobre o capital próprio e recompra de ações).

No cálculo do AUT, os argumentos do autor do modelo que ora estudamos para as deduções do resultado não operacional e do resultado de equivalência patrimonial são os seguintes: a dedução do RNO, por corresponder a um resultado extraordinário, não deve ser considerada recurso com o qual a empresa poderá contar regularmente para garantir a expansão de sua disponibilidade de capital de giro; a dedução do REP, por ser um resultado apenas contábil, não havendo garantia de que poderá se constituir em geração efetiva de caixa, também não deve ser considerada.

Sobre os dados contidos nas demonstrações financeiras da Cia. ABC, construímos um exemplo de cálculo do CDG apresentado na tabela 30.

Tabela 30
EVOLUÇÃO DA CDG (EM R$)

Nível estratégico	Ano 1	Ano 2	Ano 3	Ano 4
Exigível a longo prazo	58.854	56.055	87.612	80.604
+ Patrimônio líquido	203.824	180.962	194.065	204.638
(=) PNC	262.678	237.017	281.677	285.242
Realizável a longo prazo	6.967	8.923	14.582	16.705
(+) Ativo permanente	180.019	180.931	174.302	223.752
(=) ANC	186.986	189.854	188.884	240.457
CDG = PNC – ANC	75.692	47.163	92.793	44.785
AUT	33.307	(1.274)	(3.719)	29.402
RNO	–	–	–	–
FLRE	(22.465)	(27.255)	49.348	(77.411)
	10.842	(28.529)	45.629	(48.009)

Os resultados do CDG apresentados na tabela 30 nos permitem fazer as seguintes considerações:

❑ a empresa sempre pode dispor de recurso estratégico líquido (CDG > 0 = PNC > ANC) para financiar seu investimento no giro diário de suas operações. Entretanto, essa disponibilidade recuou, aproximadamente, 40,8% entre o ano 1 ($ 75.692) e o ano 4 ($ 44.785);

❑ no primeiro ano, o CDG da empresa (que era de $ 64.850 no ano 0) foi impactado positivamente (expansão de 16,71%), pela geração de $ 33.307 de AUT, que foi maior que o investimento líquido em ativos estratégicos (FLRE < 0) de $ 22.465 ocorridos no período;

❑ no segundo ano, o CDG da empresa foi impactado negativamente (queda de 37,7%) pela ocorrência de um fluxo negativo de AUT de $ 1.274 combinado com um fluxo líquido de recursos estratégicos, também negativo, de $ 27.255;

❑ no terceiro ano, o CDG da empresa foi impactado positivamente (expansão de 96,7%) pela ocorrência de uma captação líquida de recursos estratégicos (FLRE > 0) de $ 49.348, que foi maior que a soma dos resultados negativos do AUT ($ 3.719);

❏ no quarto ano, o CDG da empresa voltou a ser impactado negativamente (queda de 51,7%) pela ocorrência de um investimento líquido em ativos estratégicos (FLRE < 0) de $ 77.411, que foi muito maior que o AUT ($ 29.402) obtido no período.

Uma vez definida a variável CDG disponível, passamos à exposição dos fundamentos que norteiam a interpretação da outra variável dinâmica, que é o saldo de tesouraria (T).

O saldo de tesouraria

Conceitualmente, o saldo de tesouraria pode ser mensurado pela diferença entre os ativos e passivos de ocorrência errática (ou financeiros) na estrutura patrimonial da empresa.

Os saldos em caixa e em contas-correntes bancárias, os investimentos em títulos e valores mobiliários são exemplos de ativos circulantes de ocorrência errática, enquanto as dívidas representadas por empréstimos e financiamentos bancários, as duplicatas descontadas, os adiantamentos de contratos de câmbio, as parcelas de imposto de renda a recolher e os dividendos a pagar — estes últimos por derivarem de uma fonte interna de fundos de ocorrência errática, que é o lucro — são exemplos de passivos circulantes de ocorrência errática.

$$T = ACE - PCE$$

em que:
❏ T = saldo de tesouraria;
❏ ACE = ativos circulantes erráticos;
❏ PCE = passivos circulantes erráticos.

Vê-se assim que T pode tanto ser um ativo econômico, quando está do lado das aplicações, como um recurso de financiamento de curto prazo, que, somado ao CDG, ajuda a financiar os ativos operacionais (NCG). Entretanto, a excessiva dependência de empréstimos a curto prazo torna a liquidez de qualquer empresa bastante crítica.

Estruturalmente, o saldo da variável T mede o risco a curto prazo da empresa e resulta das decisões estratégicas tomadas ao nível dos componentes do CDG. Assim, o saldo de tesouraria também pode ser determinado pela diferença entre o CDG e a NCG (T = CDG – NCG).

Sobre os dados contidos nas demonstrações financeiras da Cia. ABC, construímos um exemplo de cálculo do T apresentado na tabela 31.

Tabela 31
EVOLUÇÃO DO T (EM R$)

Nível tático	Ano 1	Ano 2	Ano 3	Ano 4
Aplicações financeiras	6.352	–	42.492	1.721
(=) Ativos circulantes erráticos	6.352	–	42.492	1.721
Empréstimos	2.200	39.409	4.600	8.874
(+) Imposto de renda	2.191	–	–	1.101
(+) Dividendos	4.254	–	–	3.524
(=) Passivos circulantes erráticos	8.645	39.409	4.600	13.499
T = ACE – PCE = CDG – NCG	(2.293)	(39.409)	37.892	(11.778)
T/valor absoluto da NCG (%)	–2,9	–45,5	69	–20,8

Os resultados do T apresentados na tabela 31 nos permitem fazer as seguintes considerações:

❑ a empresa, que no início do período de análise (ano 1) estava usando dívida líquida onerosa de curto prazo (T < 0 = ACE < PCE) que equivalia a 2,9% de toda a sua NCG, no

final do ano 4 tinha uma dívida equivalente a 20,8% da NCG;
- essa expressiva expansão do endividamento líquido oneroso de curto prazo (T < 0) da empresa foi resultado de uma queda da sua disponibilidade de financiamentos estratégicos líquidos (CDG) proporcionalmente maior que a redução da NCG conseguida por sua administração;
- destaque-se que, no segundo ano, quando essa dívida (T < 0) chegou a corresponder a 45,5% de toda sua NCG, os fatores determinantes dessa situação foram: a redução de sua capacidade de financiamento para giro (CDG), que foi consequência, principalmente, de um fluxo líquido de investimento em ativos estratégicos (FLRE < 0) equivalente a $ 27.255, e uma expansão de 11% em sua NCG;
- saliente-se também que, no terceiro ano, a empresa conseguiu uma folga financeira (T > 0) equivalente a 69% de toda sua NCG. Naquela ocasião, essa situação foi possível graças a uma expressiva captação líquida de recursos estratégicos (FLRE > 0), que foi de $ 49.348.

Uma vez definida a variável T, passamos à exposição dos riscos conjuntural e estrutural a que estão sujeitas as empresas em seus mercados.

Riscos conjuntural e estrutural

Segundo o autor do modelo apresentado, pela composição das três variáveis principais (CDG, NCG e T) é possível definir o nível de risco conjuntural e estrutural da empresa vinculado à sua liquidez. Ele explicita isto pela interpretação dos seis tipos de estruturas patrimoniais.

Figura 9
ESTRUTURA PATRIMONIAL DO TIPO 1

	NCG
T	CDG

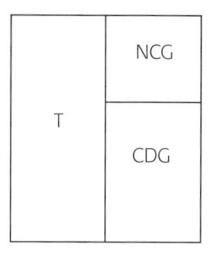

A estrutura patrimonial do tipo 1 (figura 9) corresponde à situação em que CDG > 0 e NCG < 0, sendo CDG > NCG, logo T > 0. Empresas com este tipo de estrutura patrimonial revelam excelente situação de liquidez, uma vez que dispõem de recursos permanentes de financiamento (CDG > 0), ao mesmo tempo que apresentam sobras de financiamentos operacionais (NCG < 0), o que lhes garante excelente "folga" financeira (T > 0). São exemplos de empresas que, em situações de normalidade do funcionamento da economia, devem apresentar essa estrutura: os supermercados, as comerciais varejistas, as de transporte coletivo, as instituições privadas de ensino e as instituições financeiras.

Figura 10
ESTRUTURA PATRIMONIAL DO TIPO 2

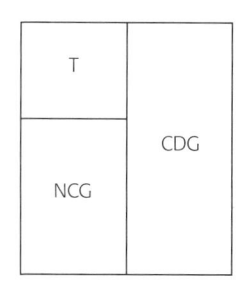

T	
	CDG
NCG	

A estrutura patrimonial do tipo 2 (figura 10) corresponde à situação em que CDG > 0 e NCG > 0, sendo CDG > NCG, logo T > 0. Empresas com este tipo de estrutura patrimonial revelam sólida situação de liquidez, visto que se utilizam exclusivamente de recursos permanentes (CDG > 0) no financiamento de suas necessidades operacionais líquidas (NCG > 0) e, ainda, dispõem de fundos de curto prazo (T > 0) suficientes para enfrentar os aumentos temporários dessas necessidades. São exemplos de empresas que, em condições normais de funcionamento da economia, devem apresentar esta estrutura: as empresas industriais de administração conservadora, isto é, aquelas nas quais os investimentos para expansão das atividades (ativos fixos) são pouco expressivos.

Figura 11
ESTRUTURA PATRIMONIAL DO TIPO 3

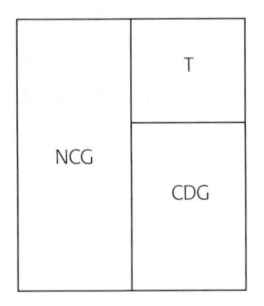

NCG	T
	CDG

A estrutura patrimonial do tipo 3 (figura 11) corresponde à situação em que CDG > 0 e NCG > 0, sendo CDG < NCG, logo T < 0. Empresas com este tipo de estrutura patrimonial revelam insatisfatória situação de liquidez, já que utilizam recursos onerosos de curto prazo (T < 0) para cobrir parte de suas necessidades operacionais líquidas (NCG > 0). São exemplos de empresas que, em condições normais de funcionamento da economia, podem apresentar este tipo de estrutura patrimonial: aquelas que atuam em segmentos de produção sujeitos à sazonalidade e, também, as industriais cuja administração atua agressivamente no mercado, arriscando expressivos investimentos para expansão da atividade (ativos fixos).

Figura 12
ESTRUTURA PATRIMONIAL DO TIPO 4

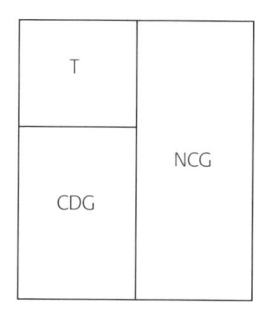

A estrutura patrimonial do tipo 4 (figura 12) corresponde à situação em que CDG < 0 e NCG < 0, sendo CDG > NCG, logo T > 0. Empresas com este tipo de estrutura patrimonial, embora apresentem saldo positivo de tesouraria (T > 0), revelam uma situação de liquidez que pode ser considerada frágil, uma vez que estariam desviando sobras de financiamentos operacionais (NCG < 0) para o financiamento do excedente de suas imobilizações ativas sobre os financiamentos estratégicos (CDG < 0) — situação que não poderia ser mantida por muito tempo, pois uma queda no volume das operações esgotaria rapidamente essas sobras, invertendo o sinal da NCG e do T. No entanto, Fleuriet ressalva que empresas que conseguem prever com maior grau de certeza as suas entradas de caixa podem trabalhar com baixa liquidez ou até mesmo com liquidez negativa, ou seja, com CDG negativo. Um caso típico dessa situação é o setor de energia elétrica. Os clientes dessas empresas precisam pagar as contas de luz no prazo para não terem o fornecimento de energia cortado. Isto faz com que as entradas de caixa sejam altamente previsíveis, o que gera um fluxo de caixa adequado mesmo com liquidez negativa.

Figura 13
ESTRUTURA PATRIMONIAL DO TIPO 5

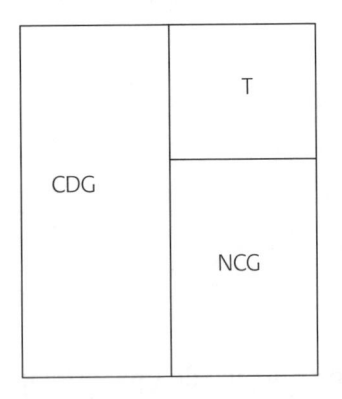

A estrutura patrimonial do tipo 5 (figura 13) corresponde à situação em que CDG < 0 e NCG < 0, sendo CDG < NCG, logo T < 0. Empresas com este tipo de estrutura patrimonial revelam situação de liquidez muito ruim e mais grave que as do caso anterior, em virtude da não existência de saldo positivo de tesouraria. Na ocorrência de uma recessão, a situação tornar-se-ia extremamente crítica, pois uma queda no volume de operações esgotaria rapidamente as sobras de financiamentos operacionais (NCG < 0), invertendo o seu sinal e exigindo que todas as necessidades permanentes de capital fossem financiadas com recursos onerosos de curto prazo (T < 0).

Figura 14
ESTRUTURA PATRIMONIAL DO TIPO 6

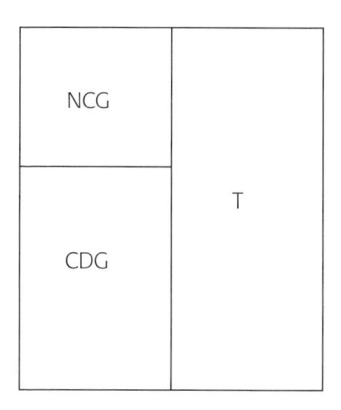

```
┌─────┬─────┐
│ NCG │     │
│     │  T  │
├─────┤     │
│ CDG │     │
│     │     │
└─────┴─────┘
```

A estrutura patrimonial do tipo 6 (figura 14) corresponde à situação em que CDG < 0 e NCG > 0, sendo CDG < NCG, logo T < 0. Empresas com este tipo de estrutura patrimonial revelam péssima situação de liquidez, uma vez que estão financiando tanto suas necessidades operacionais líquidas (NCG > 0) quanto parte de suas imobilizações ativas (CDG < 0) com recursos onerosos de curto prazo (T < 0). Empresas privadas que apresentem sistematicamente este tipo de estrutura patrimonial estariam à beira da falência, caso viesse a ocorrer uma expansão de suas operações, a menos que seus controladores pudessem fornecer-lhes algum tipo de ajuda externa.

Aplicando esses conceitos sobre os cálculos das variáveis NCG, CDG e T para a Cia. ABC, encontramos as seguintes estruturas patrimoniais para o período analisado (ano 1 ao ano 4) expostas nas figuras 15 a 18.

Figura 15
ESTRUTURA PATRIMONIAL — ANO 1

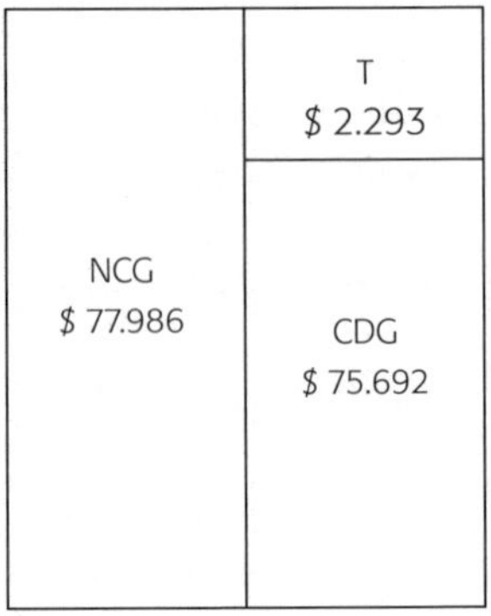

	T $ 2.293
NCG $ 77.986	CDG $ 75.692

- Ano 1
 CDG > 0 e NCG > 0
 Sendo CDG < NCG, logo T < 0
 Situação financeira insatisfatória
 Os resultados dos índices dinâmicos revelados na figura 15 nos permitem concluir que a empresa apresentava uma situação financeira insatisfatória, pois financiava 2,9% de toda sua NCG com recursos onerosos de curto prazo (T < 0).

Figura 16
ESTRUTURA PATRIMONIAL — ANO 2

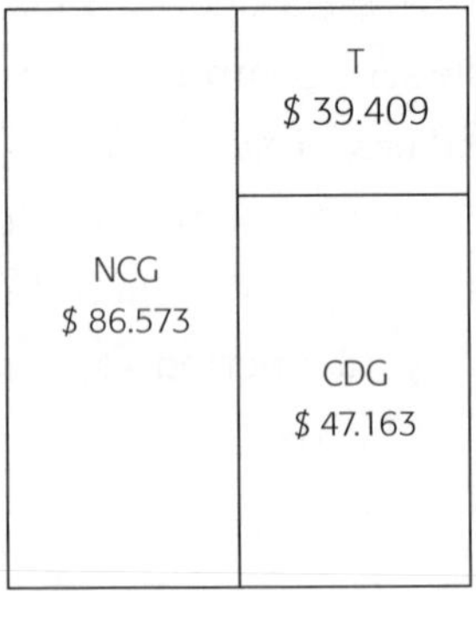

	T $ 39.409
NCG $ 86.573	CDG $ 47.163

❑ Ano 2
CDG > 0 e NCG > 0
Sendo CDG < NCG, logo T < 0
Situação financeira insatisfatória
Os resultados dos índices dinâmicos revelados na figura 16 nos permitem concluir que a empresa ainda se mantinha em uma situação financeira insatisfatória, com a agravante de estar mais exposta ao endividamento líquido com recursos onerosos de curto prazo (T < 0).

Figura 17
ESTRUTURA PATRIMONIAL — ANO 3

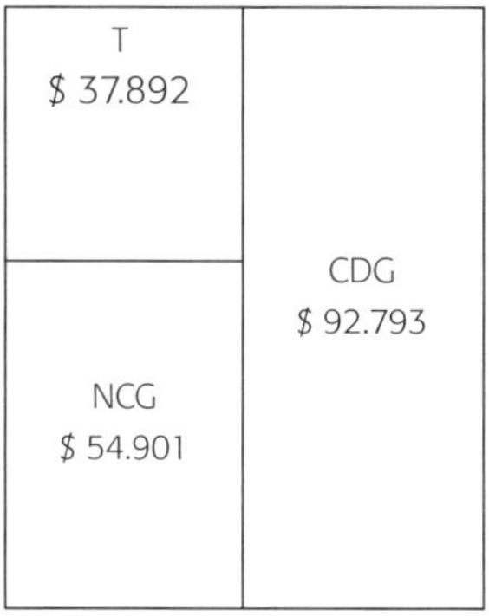

T
$ 37.892

CDG
$ 92.793

NCG
$ 54.901

❑ Ano 3
CDG > 0 e NCG > 0
Sendo CDG > NCG, logo T > 0
Sólida situação financeira
Os resultados dos índices dinâmicos revelados na figura 17 nos permitem concluir que a empresa apresentava uma sólida situação financeira, pois financiava toda sua NCG e ainda mantinha liquidez (T > 0), usando, exclusivamente, financiamentos estratégicos líquidos (CDG > 0).

Figura 18
ESTRUTURA PATRIMONIAL — ANO 4

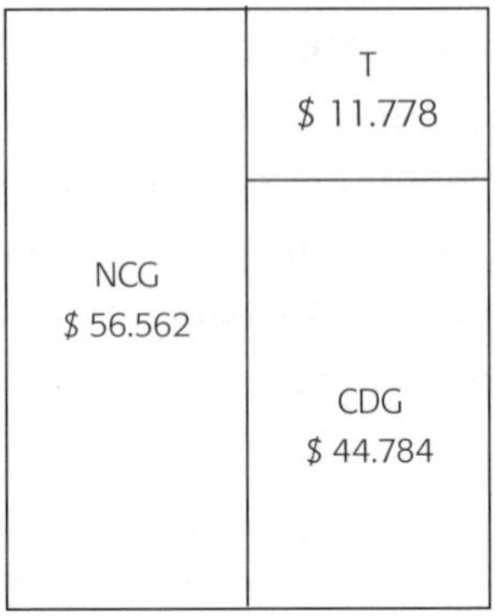

	T $ 11.778
NCG $ 56.562	CDG $ 44.784

❏ Ano 4:
CDG > 0 e NCG > 0
Sendo CDG < NCG, logo T < 0
Situação financeira insatisfatória
Os resultados dos índices dinâmicos revelados na figura 18 nos permitem concluir que a empresa regride para uma situação financeira insatisfatória, pois volta a financiar sua NCG com recursos onerosos de curto prazo (T > 0).

A seguir passamos à explicação dos desequilíbrios conjunturais e estruturais que podem resultar em níveis críticos de liquidez para a empresa.

Desequilíbrios conjunturais e estruturais

Como vimos, a análise das possíveis configurações entre o CDG, a NCG e o T deixa evidente que uma situação financeira sólida implica a manutenção de CDG positivo e maior que a NCG. Desta forma, ocorrendo NCG positiva, o CDG seria suficiente para financiá-la e ainda gerar um saldo positivo de tesouraria (T > 0), garantindo a liquidez da empresa.

Agora, uma nova questão deve ser respondida. Como o modelo em estudo explica a ocorrência de níveis críticos de liquidez em uma empresa?

Respondendo a essa questão, o modelo em estudo aponta a excessiva dependência de empréstimos de curto prazo, fazendo com que o saldo de tesouraria da empresa figure do lado das fontes (saldo negativo de T) de maneira sistemática — fenômeno identificado pelo modelo como "efeito tesoura".

O "efeito tesoura" pode ser mais bem visualizado pelo acompanhamento da evolução do índice $T/|NCG|$. Quanto mais negativo for o valor apresentado deste índice, significando maior utilização de recursos de curto prazo originados de instituições financeiras, mais poderemos identificar a deterioração da situação financeira da empresa.

Segundo o modelo em estudo, o "efeito tesoura" não seria consequência apenas de uma causa, como podemos depreender de seu diagnóstico, mas sim de quatro desequilíbrios estruturais.

O primeiro refere-se ao crescimento excessivo das vendas com a NCG crescendo na mesma proporção (o que é normal), mas a geração de recursos próprios (lucro bruto operacional — LBO), em termos relativos, não acompanhando esse crescimento, de forma que o CDG cresceria a taxas inferiores.

Aqui cabe destacar o conceito de LBO, que seria obtido como resultado da seguinte expressão:

$$LBO = VL - CPV - DO$$

em que:

❑ VL = vendas líquidas;
❑ CPV = custo dos produtos vendidos livre das depreciações nele incluídas;

- DO = despesas operacionais livres das depreciações nelas incluídas e deduzidas da despesa financeira líquida.

O segundo refere-se aos investimentos excessivos no ativo fixo, com retorno inadequado ou a prazo muito longo. Nesse caso, o autofinanciamento (AUT = lucro líquido ajustado do resultado de equivalência patrimonial e do resultado não operacional + depreciações – dividendos) gerado pelas operações de venda acabaria sendo desviado para cobertura desses investimentos e o CDG sofreria reduções substanciais, impedindo que ele acompanhasse o crescimento das vendas e da NCG.

O terceiro está ligado ao crescimento do ciclo financeiro (CF), independentemente das vendas, por efeito da má gestão dos estoques, da cobrança das duplicatas ou das compras junto a fornecedores de matérias-primas. Isso se refletiria no balanço patrimonial pelo aumento excessivo das contas cíclicas do ativo e redução das contas cíclicas do passivo. Assim, a relação NCG/vendas cresceria de maneira acelerada.

Aqui cabe destacar o conceito de ciclo financeiro, que corresponde ao esforço em dias de vendas para que a empresa gere recursos que atendam aos investimentos operacionais líquidos necessários à realização das vendas. A expressão que identifica a variação percentual do ciclo financeiro é:

$$\Delta CF = \Delta\ (NCG/V)/(NCG/V)$$

onde:

- ΔCF = variação do ciclo financeiro;
- $\Delta(NCG/V)$ = variação da relação necessidade de capital de giro/vendas líquidas;
- NCG/V = relação necessidade de capital de giro/vendas líquidas no início do período.

Finalmente, o último desequilíbrio seria consequência de crises na economia, externas à empresa, com redução das vendas, atrasos de pagamento pelos clientes, redução do prazo por parte de fornecedores, obrigando à diminuição das margens de venda. Para concluir sobre a existência de possíveis desequilíbrios conjunturais e estruturais que levem a empresa analisada a incorrer no "efeito tesoura" foram calculados os índices econômico-financeiros mostrados na tabela 32.

Tabela 32
EVOLUÇÃO DO T (%)

Indicadores dinâmicos	Ano 1	Ano 2	Ano 3	Ano 4
Margem de AUT/RBV	5,6	-0,3	-0,8	5,4
Taxa marginal de investimento no giro (ΔNCG)	7	11	-37	3
Taxa de retorno sobre o ativo econômico (Ebitda/AE)	22	10,3	13,7	19,9
Intensidade capitalística (AE/RBV)	43,8	54,8	51,7	47,3

Sobre os resultados da referida tabela podemos fazer as seguintes observações:

❑ em dois dos quatro anos analisados, a margem de AUT sobre vendas foi superior à taxa marginal de investimento no giro, indicando que o crescimento das atividades operacionais da empresa não consegue ser regularmente autofinanciado, existindo, portanto, risco de ocorrência do "efeito tesoura";

❑ a taxa de retorno sobre o ativo econômico (Ebitda/AE) não revelou regularidade nem crescimento, indicando que algumas vezes o investimento no ativo econômico (AE = NCG + ANC) da empresa não consegue manter sua eficiência.

Uma vez apresentado o modelo integrado de análise, que evidencia, pela leitura das variáveis dinâmicas NCG, CDG e T, a real situação financeira da empresa, discorremos, no próximo capítulo, sobre um modelo de análise de desempenho econômico, com destaque para os indicadores de rentabilidade sobre o capital empregado e o valor econômico adicionado (EVA®).

6

Análise do desempenho econômico

O enfoque deste capítulo está na discussão das métricas que vêm sendo utilizadas e que norteiam o princípio de que, para criar valor para os seus acionistas, as empresas devem gerar retornos sobre o capital empregado que excedam o custo desse capital. Entre as técnicas apresentadas destacam-se a metodologia e a aplicação do EVA® ou valor econômico adicionado.

O objetivo é mostrar a importância do surgimento do EVA® como índice de desempenho, pelo fato de o mesmo ter chamado a atenção dos executivos sobre a necessidade que as empresas têm de gerar lucros nas suas operações que permitam remunerar todo o capital investido.

Além disso, pretendemos demonstrar que as ideias por trás do EVA® não são novas. O EVA® é apenas uma reembalagem de princípios fundamentais de finanças corporativas e de gestão financeira que são conhecidos de longa data. Mas é fundamental destacar que a condição básica para que esses conceitos e métricas de avaliação de desempenho possam ser aplicados é que os gestores compreendam os efeitos de suas políticas operacionais, de investimento e de financiamento na apuração de desempenho da empresa.

Objetivo da análise do desempenho econômico

Hoje, cada vez mais executivos reconhecem que as pressões por lugares crescentes nos mercados de capitais desregulados levaram centenas de grandes companhias em todo o mundo a adotar novas métricas de performance para acompanhar o sucesso da administração na criação de valor. Todos os executivos sabem que, para sobreviver e crescer, as empresas precisam ser competitivas em termos de custos operacionais, como mão de obra, matéria-prima e custos administrativos, que estão vinculados com os investimentos nas contas do ativo. O que há de novo é que a sobrevivência também depende dos retornos aos investidores, que requerem custos competitivos do capital, uma realidade ainda não totalmente assimilada por muitos administradores.

Embora os administradores estejam sentindo uma pressão cada vez maior para produzir valor, quase sempre eles não dispõem das ferramentas de diagnóstico necessárias. Além disso, falta-lhes a linguagem da criação de valor, isto é, formas de convencer os fornecedores de capital de que o seu dinheiro será produtiva e lucrativamente empregado pela companhia. Os administradores que não conseguem cumprir essa tarefa verão suas empresas em desvantagem competitiva na corrida pelo capital global.

Uma vez definido o objetivo da análise do desempenho econômico, apresentaremos a seguir os principais indicadores de rentabilidade.

Indicadores de rentabilidade

O ponto de partida para a avaliação da performance econômica das empresas é extraído da análise vertical da demonstração de resultados do exercício, pelos indicadores de margem (margens bruta, da atividade, Ebitda e líquida). Outros índices de lucratividade são avaliados a partir da comparação de itens da demonstração de resultados em relação ao ativo (rentabilidade sobre o ativo) e patrimônio líquido (rentabilidade sobre o patrimônio líquido).

Margem bruta

$$\text{Margem bruta} = \frac{\text{Lucro bruto}}{\text{Vendas líquidas}}$$

Representa a percentagem de cada real de venda que restou após a empresa ter deduzido os custos das vendas (custo dos produtos vendidos — CPV, para indústria; custo das mercadorias vendidas — CMV, para empresa comercial; custo dos serviços prestados — CSP, para empresa de serviços).

Ao se analisar a evolução da margem bruta de uma indústria ao longo do tempo, devem-se buscar as causas das variações, quando estas forem significativas.

A margem bruta é consequência tanto da margem de contribuição unitária (preço menos custo variável unitário) quanto da quantidade vendida de cada produto. As margens de contribuição unitárias dependem do estágio do ciclo de vida de cada produto. Produtos em estágio de vida introdutório, devido à pouca concorrência verificada, costumam ter margens de contribuição unitárias elevadas. À medida que o ciclo de vida vai evoluindo, em função da presença de novos entrantes com produtos substitutos, as margens unitárias tendem a decrescer. Neste momento, o volume vendido aumenta para compensar as margens decrescentes.

No estágio da maturidade do ciclo de vida, as margens unitárias são pequenas e o volume de venda, grande; o resultado deixou de basear-se nas margens unitárias para basear-se no volume ou giro. Este fenômeno pode ser observado quando comparamos os resultados de diferentes indústrias.

Um aumento na margem bruta pode ser originado por diferentes motivos, destacando-se:

- elevação de preços de venda;
- ocupação da capacidade produtiva, diluindo os custos fixos e reduzindo o custo unitário de produção;
- redução nos custos de produção.

Uma queda na margem bruta pode ser originada por:

- redução de preços;
- redução do volume produzido e vendido e, consequentemente, menor diluição dos custos fixos (isto é, a receita de vendas cairá mais do que os custos, pois a parcela de custos fixos independe da quantidade produzida);
- elevação de custos de produção.

Podemos tomar como exemplo a empresa ABC, nos anos 1 e 2, conforme apresentado na tabela 33.

Tabela 33
EVOLUÇÃO DA MARGEM BRUTA

Discriminação	Ano 1	Ano 2
Lucro bruto	134.720	89.083
Vendas líquidas	499.965	409.828
Margem bruta = lucro bruto/vendas líquidas (%)	26,9	21,7

No segundo ano o custo dos produtos vendidos caiu menos do que as vendas, o que resultou numa queda da margem bruta.

Margem da atividade

$$\text{Margem da atividade} = \frac{\text{Lucro da atividade}}{\text{Vendas líquidas}}$$

Representa a percentagem de cada real de venda que restou após a empresa ter deduzido os custos de suas mercadorias, suas despesas administrativas e de vendas. Na apuração do resultado da atividade não são deduzidas as despesas financeiras nem somadas as receitas financeiras, isto é, devemos separar o lucro da atividade operacional da empresa, resultado esse gerado pelos seus ativos e determinado exclusivamente pelas decisões de investimentos.

Tomemos como exemplo a empresa ABC, nos anos 1 e 2, conforme apresentado na tabela 34.

Tabela 34
EVOLUÇÃO DA MARGEM DA ATIVIDADE

Discriminação	Ano 1	Ano 2
Lucro da atividade	36.652	5.886
Vendas líquidas	499.965	409.828
Margem da atividade = lucro bruto/vendas líquidas (%)	7,3	1,4

A margem da atividade caiu fortemente no segundo ano devido à queda da margem bruta e à pequena queda nas despesas operacionais (em termos percentuais caíram menos do que as vendas).

Margem Ebitda

Margem Ebitda = Ebitda ÷ vendas líquidas

Representa a percentagem de cada real de venda que restou após a empresa ter deduzido os custos e despesas operacionais desembolsáveis.

Como exemplo, temos a empresa ABC, nos anos 1 e 2, conforme apresentado na tabela 35.

Tabela 35
EVOLUÇÃO DA MARGEM EBITDA

Discriminação	Ano 1	Ano 2
Ebitda	57.198	27.475
Vendas líquidas	499.965	409.828
Margem Ebitda = Ebitda/vendas líquidas (%)	11,4	6,7

A margem Ebitda caiu fortemente no segundo ano, acompanhando a queda da margem da atividade.

Margem líquida

$$\text{Margem líquida} = \frac{\text{Lucro líquido}}{\text{Vendas líquidas}}$$

Representa a percentagem de cada real de venda que restou após a empresa ter deduzido todas as suas despesas, inclusive financeiras, resultado de equivalência patrimonial, despesas e receitas não operacionais e imposto de renda.

Exemplo: tomemos a empresa ABC, nos anos 1 e 2, conforme tabela 36.

Tabela 36
EVOLUÇÃO DA MARGEM LÍQUIDA

Discriminação	Ano 1	Ano 2
Lucro líquido	17.015	−22.830
Vendas líquidas	499.965	409.828
Margem líquida = lucro líquido/vendas líquidas (%)	3,4	−5,6

A margem líquida da empresa ABC caiu vertiginosamente do primeiro para o segundo ano, fruto da queda nas vendas e na margem da atividade, e da forte elevação das despesas financeiras.

Rentabilidade sobre o ativo total (RsA)

Este índice tem por objetivo medir a percentagem do lucro líquido gerado em relação ao investimento total, ou seja, o ativo.

$$\text{Retorno sobre o ativo} = \frac{\text{Lucro líquido}}{\text{Ativo total médio}}$$

Devido às possíveis modificações sofridas pelo ativo ao longo do exercício, é recomendável a utilização do ativo médio para o cálculo do índice. Tomemos a empresa ABC, nos anos 1 e 2, como exemplo, conforme apresentado na tabela 37.

Tabela 37
EVOLUÇÃO DA RENTABILIDADE SOBRE O ATIVO TOTAL

Discriminação	Ano 1	Ano 2
Lucro líquido	17.015	–22.830
Ativo total (saldo médio)	311.873	307.371
RsA = lucro líquido/ativo total médio (%)	5,46	–7,43

Retorno sobre o capital empregado (que em inglês significa return on capital employed – Roce)

Este índice é calculado com base na relação entre o resultado gerado pelos ativos (lucro da atividade + receita financeira + resultado de equivalência patrimonial) e o montante dos investimentos operacionais (ativo econômico ou capital empregado) essenciais às atividades-fim da empresa, conforme a equação a seguir:

$$\text{Roce} = \frac{\text{Lucro gerado pelo ativo}}{\text{Capital empregado médio}}$$

Para calcularmos o capital empregado devemos considerar os passivos circulantes operacionais (aqueles que não possuem encargos ou em que estes encontram-se embutidos no custo dos produtos vendidos, como acontece com a conta de fornecedores) e a redução dos ativos circulantes operacionais. Ou seja, o capital empregado seria o somatório de cinco grupos: aplicações financeiras, investimento operacional no giro (ativo circulante operacional menos passivo circulante operacional), investimentos, ativo imobilizado líquido e ativo intangível líquido.

O capital empregado é financiado por recursos próprios e de terceiros (passivo exigível financeiro).

O lucro econômico surge quando uma empresa obtém uma taxa de retorno sobre o capital empregado após o imposto de renda acima do seu custo de capital. Caso o custo de capital supere o Roce, cria-se uma situação insustentável nos médio e longo prazos, o que provocará uma redução progressiva do valor de mercado da empresa, empobrecendo os seus acionistas e aumentando o risco empresarial.

O capital empregado pode ser dividido em: capital empregado operacional (investimento operacional no giro, imobilizado e intangível) e capital empregado extraoperacional (aplicações financeiras e investimentos em participações acionárias).

Dessa forma poderemos calcular dois índices para desmembrar o Roce após os impostos em: Roce operacional e o Roce extraoperacional, conforme as equações a seguir.

$$\text{Roce operacional} = \frac{\text{Lucro da atividade} \times (1 - t)}{\text{Capital empregado operacional médio}}$$

$$\text{Roce extraoperacional} = \frac{[\text{receitas fin.} \times (1 - t) + \text{REP}]}{\text{Capital empregado extraoperacional médio}}$$

onde:

❏ REP = resultado de equivalência patrimonial;

❏ capital extraoperacional = aplicações financeiras e participações acionárias em outras empresas.

Retorno sobre o capital empregado operacional após impostos (Roce operacional)

Este índice é calculado com base na relação entre o resultado gerado pelos ativos (lucro da atividade depois do imposto de renda ou *net operational profit after taxes* — Nopat) e o montante dos investimentos operacionais (ativo econômico operacional) essenciais às atividades-fim da empresa, conforme a equação a seguir.

$$\text{Roce operacional} = \frac{\text{Lucro da atividade} \times (1 - t)}{\text{Capital empregado operacional médio}}$$

A rentabilidade sobre o capital empregado operacional após impostos quantifica o retorno produzido pelas decisões de investimento e, assim, nos permite fazer uma avaliação sobre a atratividade econômica do negócio.

O capital empregado operacional (investimento operacional no giro, imobilizado e intangível) é o ativo operacional da empresa, sendo responsável pela geração do lucro antes dos juros e imposto de renda (lucro da atividade da empresa). Tal ativo é financiado por recursos próprios e de terceiros (passivo exigível financeiro). Podemos verificar, na figura 19, que a rentabilidade sobre o capital empregado operacional costuma ser mais elevada em setores mais arriscados. Por outro lado, naqueles menos arriscados, ela costuma ser menor.

Desta forma, a rentabilidade sobre o capital empregado operacional é, normalmente, utilizada para comparar a eficiência operacional de empresas do mesmo ramo de negócio.

Figura 19
EVOLUÇÃO DO ROCE OPERACIONAL

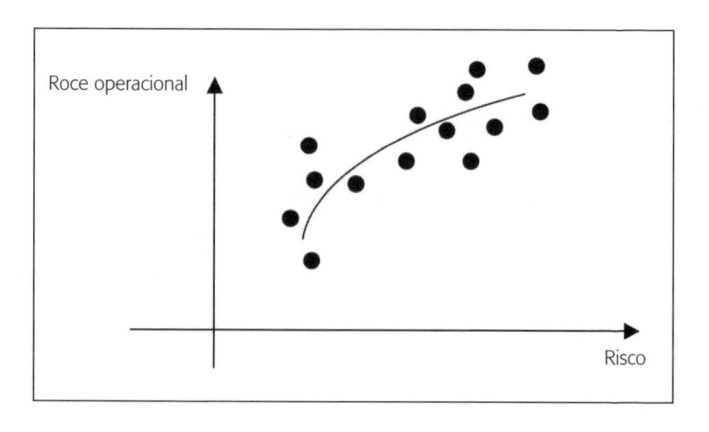

[Figura: gráfico de dispersão com eixo vertical "Roce operacional" e eixo horizontal "Risco", mostrando pontos dispersos ao redor de uma curva crescente côncava.]

Quando o Roce operacional de um determinado setor está acima da curva, a tendência é de queda na rentabilidade, devido ao ingresso de novas empresas. Apresentamos, na figura 20, um determinado setor A que possui uma rentabilidade acima do que seria a rentabilidade exigida para o seu nível de risco. Essa elevada rentabilidade atrairá novos concorrentes, o que forçará um aumento da oferta e queda de preços e rentabilidade no futuro.

Por outro lado, quando o Roce operacional de um setor está abaixo da curva, a tendência é de elevação da rentabilidade com a saída de algumas empresas. Por exemplo, suponhamos um setor da economia (setor B) que vem obtendo retornos abaixo do exigido para o dado nível de risco. Acionistas de algumas empresas poderão se desinteressar em continuar financiando esses investimentos e preferirão migrar para setores mais atrativos, e os que persistirem exigirão maiores reduções de custos a fim de compatibilizar o retorno com o risco associado. Com isso, haverá uma tendência de redução nos investimentos e queda na oferta. No longo prazo a elevação nos preços e a redução nos custos deverão provocar aumentos na rentabilidade.

Figura 20
DINÂMICA DO ROCE

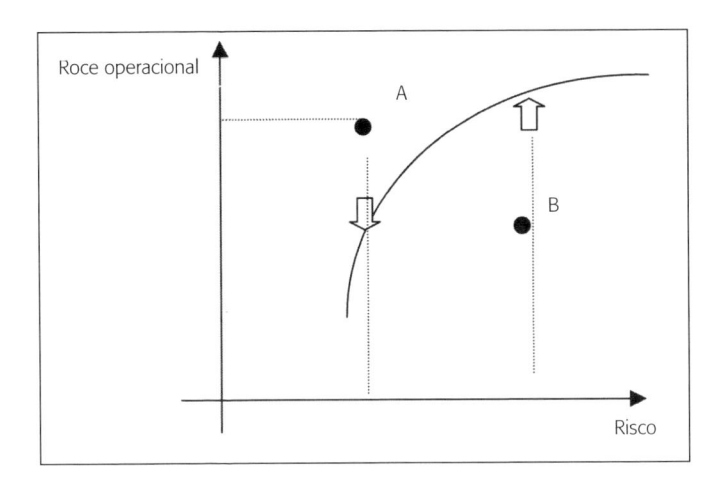

Na figura 21 apresentamos a árvore do Roce operacional. A rentabilidade sobre o capital empregado pode ser decomposta em giro *versus* margem — modelo DuPont —, permitindo analisar decisões operacionais relacionadas a preços, produção, concessão de prazos, políticas de compras, política de estocagem, escala, entre outros.

O giro do ativo econômico operacional é o resultado da divisão de vendas líquidas sobre o capital empregado operacional. Quanto maior é o giro, maior é o nível de ocupação dos ativos e vice-versa. Ele indica quanto a empresa vendeu para cada R$ 1 de investimento (capital empregado operacional). O que todo empresário deseja é minimizar a necessidade de ativos no seu negócio para um determinado nível de vendas, isto é, elevar o giro do ativo líquido. A margem da atividade líquida mede o ganho obtido em cada venda realizada depois de deduzidos os custos e as despesas operacionais.

Figura 21
ÁRVORE DO ROCE OPERACIONAL

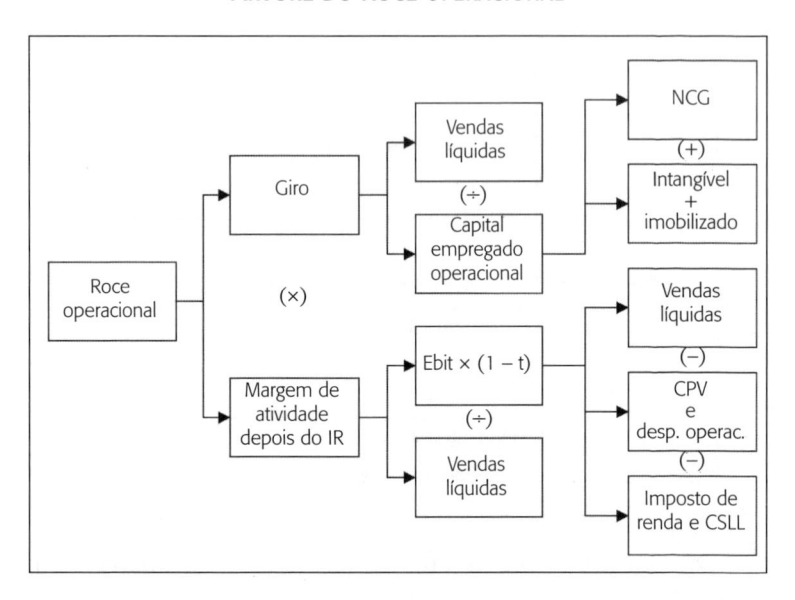

```
                                        ┌──────────────┐
                                    ┌──►│     NCG      │
                                    │   ├──────────────┤
                    ┌─►┌──────────┐ │   │     (+)      │
                    │  │  Vendas  │─┤   │  Intangível  │
                    │  │ líquidas │ │   │      +       │
            ┌─────┐ │  │   (÷)    │ └──►│  imobilizado │
         ┌─►│Giro │─┤  │ Capital  │     └──────────────┘
         │  └─────┘ └─►│ empregado│
         │             │operacional│
┌────────┐ (×)         └──────────┘     ┌──────────────┐
│  Roce  │                          ┌──►│   Vendas     │
│operac. │                          │   │  líquidas    │
└────────┘         ┌─►┌──────────┐  │   ├──────────────┤
         │         │  │Ebit×(1−t)│──┤   │     (−)      │
         │ ┌─────┐ │  │   (÷)    │  │   │    CPV       │
         └►│Marg.│─┤  │  Vendas  │  └──►│     e        │
           │ativ.│ │  │ líquidas │      │ desp. operac.│
           │ IR  │ └─►│          │      ├──────────────┤
           └─────┘    └──────────┘      │     (−)      │
                                        │  Imposto de  │
                                        │ renda e CSLL │
                                        └──────────────┘
```

Empresas de alta tecnologia, de mineração, de metalurgia e joalherias possuem normalmente altas margens e giros baixos, enquanto supermercados, distribuidoras de combustível e indústrias de alimentos trabalham com margens pequenas e giros elevados.

Uma vez que o lucro econômico surge quando uma empresa obtém uma taxa de retorno sobre o capital empregado acima do seu custo de capital, é fundamental para ela, ou mesmo para uma unidade de negócios, tomar decisões que impliquem elevar a rentabilidade e/ou reduzir custo de capital.

Destacamos a seguir algumas estratégias para elevar o Roce de uma empresa, seja pela elevação do giro ou da margem, seja por uma melhor combinação entre ambos:

❑ aumento no volume de produção (com redução no custo médio de produção);

- otimização do *mix* de produtos;
- controle de custos e despesas;
- redução de estoques;
- redução de instalações exageradas e de ociosidade de equipamentos;
- elevação das vendas acima dos ativos;
- elevação das vendas a fim de diluir os custos fixos (elevando a margem bruta).

A empresa ABC, nos anos 1 e 2, pode nos servir de exemplo, conforme apresentado na tabela 38.

Tabela 38
EVOLUÇÃO DA RENTABILIDADE SOBRE O CAPITAL EMPREGADO OPERACIONAL

Discriminação	Ano 1	Ano 2
Lucro da atividade	36.652	5.886
Lucro da atividade × (1 – t)	24.190	5.886
Capital empregado operacional médio	260.542	267.142
Roce operacional (%)	9,28	2,2
Margem da atividade depois do IR (%)	4,84	1,44
Giro do ativo econômico	1,92	1,53

Obs.: Como no segundo ano a empresa gerou prejuízo, consideramos a alíquota do imposto de renda e contribuição social igual a zero.

Rentabilidade do patrimônio líquido (do inglês return on equity — ROE)

$$\text{Rentabilidade sobre o patrimônio líquido} = \frac{\text{Lucro líquido}}{\text{Patrimônio líquido médio}}$$

Enquanto o índice Roce operacional mede a lucratividade do negócio, e o retorno sobre o ativo mede a lucratividade do investimento total da empresa, o retorno sobre o patrimônio líquido é utilizado para medir o desempenho econômico da empresa sob o ponto de vista dos seus acionistas. Indica quanto os acionistas do negócio ganharam para cada R$ 100 investidos. Como o patrimônio líquido sofre alteração devido ao pagamento de dividendos e integralizações de capital, devemos considerar no denominador da fórmula o valor do patrimônio líquido médio.

Como exemplo tomemos a empresa ABC, nos anos 1 e 2, conforme apresentado na tabela 39.

Tabela 39
EVOLUÇÃO DA RENTABILIDADE SOBRE O CAPITAL PRÓPRIO

Discriminação	Ano 1	Ano 2
Lucro líquido	17.015	−22.862
Patrimônio líquido médio	197.444	192.393
RsPL (ou ROE) (%)	8,62	−11,88

A queda nas vendas, nas margens bruta e da atividade, agravada pela elevação dos estoques, provocou uma forte queda na geração de caixa operacional, financiada através da elevação da dívida onerosa de curto prazo, que por sua vez estimulou um forte aumento das despesas financeiras. Com isso a rentabilidade sobre o capital próprio despencou de 8,6% para −11%.

Apresentamos, a seguir, o desenvolvimento de uma fórmula que evidencia a decomposição da rentabilidade sobre o capital próprio.

Alavancagem financeira sobre o retorno do capital próprio

O retorno sobre o patrimônio líquido é calculado com base no lucro após as despesas financeiras. Assim, podemos mostrar que a rentabilidade dos acionistas dependerá não apenas dos lucros gerados pelos projetos (lucro da atividade), mas também do *mix* de financiamentos utilizados pela empresa. Caso uma empresa obtenha empréstimos a uma taxa de juros efetiva (considerando o benefício fiscal) acima da taxa de retorno sobre o capital empregado, o resultado gerado pela aplicação desses recursos será inferior ao custo do capital de terceiros, penalizando então a rentabilidade dos proprietários. Assim, a participação de recursos de terceiros na estrutura de capital da empresa, em princípio, será vantajosa para a empresa apenas quando o custo efetivo dos novos empréstimos for inferior ao retorno sobre o capital empregado (alavancagem financeira).

O retorno sobre o patrimônio líquido é composto de duas partes: retorno sobre o capital empregado mais o ganho gerado pela alavancagem financeira, conforme demonstrado a seguir (suponhamos uma empresa sem participação no capital de outras empresas):

$$\text{Lucro líquido} = LA - DF - IR$$

onde:
- LA = lucro da atividade;
- DF = despesas financeiras;
- IR = imposto de renda mais contribuição social.

$$\text{Lucro líquido} = LA - DF - [t \times (LA - DF)]$$

onde:
- t = alíquota do imposto de renda + contribuição social;
- lucro líquido = $LA \times (1 - t) - DF \times (1 - t)$.

$$\text{Lucro líquido} = \frac{LA \times (1 - t) \times \text{capital empregado operacional}}{\text{Capital empregado operacional}} - DF \times (1 - t)$$

onde:
- capital empregado operacional = ativo circulante operacional − passivo circulante operacional + imobilizado líquido + intangível líquido;

- ou capital empregado operacional = NCG + imobilizado líquido + intangível líquido;
- ou capital empregado operacional = patrimônio líquido + passivo exigível financeiro.

Lucro líquido = [Roce op. × (p. líquido + p. exig. financeiro)] − DF × (1 − t)

onde:

$$\text{Roce operacional após impostos} = \frac{\text{Lucro da atividade} \times (1-t)}{\text{Capital empregado operacional}}$$

Lucro líquido = Roce op. × p. líquido + Roce op. × p. exig. financeiro − DF × (1 − t)

Como DF = p. exigível fin. × CCT (custo do capital de terceiros), temos:

L. líquido = (Roce op. × p. líq.) + (Roce op. × p. exig. fin.) − (p. exig. fin. × CCT) × (1 − t)

$$\frac{\text{L. líq.}}{\text{P. líq.}} = \frac{\text{Roce op.} \times \text{p. líq.}}{\text{p. líq.}} + \frac{\text{Roce op.} \times \text{p. exig. fin.}}{\text{p. líq.}} - \frac{\text{p. exig. fin} \times \text{CCT} \times (1-t)}{\text{p. líq.}}$$

$$\text{Retorno sobre p. líq.} = \text{Roce op.} + \frac{\text{p. exig. fin.}}{\text{p. líq.}} \times \text{Roce op.} - \text{CCT} \times (1-t)$$

Esta fórmula evidencia como é formado o retorno sobre o patrimônio líquido, informando como a utilização de recursos de terceiros está influenciando a formação do lucro final.

Dessa forma, se a taxa de retorno sobre o capital empregado for superior ao custo do capital de terceiros, quanto maior for o endividamento da empresa, maior será a rentabilidade sobre o patrimônio líquido. No entanto, deve-se considerar o risco, pois, quanto maior for o endividamento, maior será o custo do capital de terceiros. Assim, à medida que aumenta o endividamento (passivo exigível financeiro/patrimônio líquido − D/E), eleva-se o retorno sobre o patrimônio líquido. Entretanto, essa elevação vai até um determinado ponto, pois a partir deste ponto o custo do capital de terceiros após os impostos (CCT × (1 – t)) supera o Roce operacional, e assim começa a cair o retorno sobre o patrimônio líquido.

Suponhamos uma empresa com ativo total igual a 1.000 e lucro da atividade igual a 200. Na tabela 40 calcularemos o retorno sobre o capital próprio para diferentes níveis de endividamento. Para isso vamos imaginar uma alíquota de imposto de renda mais contribuição social igual a 34% e um custo do capital de terceiros que cresce com o endividamento, isto é, CCT = 11% + (2% × D/E).

Tabela 40
EVOLUÇÃO DA RENTABILIDADE SOBRE O CAPITAL PRÓPRIO *VERSUS* ENDIVIDAMENTO

Part. capital próprio (%)	100	70	50	30	20
Part. capital de terceiros (%)	0	30	50	70	80
Patrimônio líquido	1.000	700	500	300	200
Passivo exigível	0	300	500	700	800
D/E	–	0,43	1	2,33	4
Custo cap. terceiros (%)	11	12	13	16	19
Lucro da atividade	200	200	200	200	200
Despesas financeiras	–	36	65	110	152
Lucro antes do IR	200	164	135	90	48
Imposto de renda	68	56	46	31	16
Lucro líquido	132	109	89	59	32
ROE (%)	13	15	18	20	16

Conforme demonstrado na figura 22, podemos concluir que a elevação do endividamento eleva a rentabilidade do patrimônio líquido, mas existe um limite para isso. Ou seja, como o custo do capital de terceiros cresce com o aumento do endividamento, existe um nível de endividamento que maximiza o retorno sobre o capital próprio.

Figura 22
ROE *VERSUS* ENDIVIDAMENTO

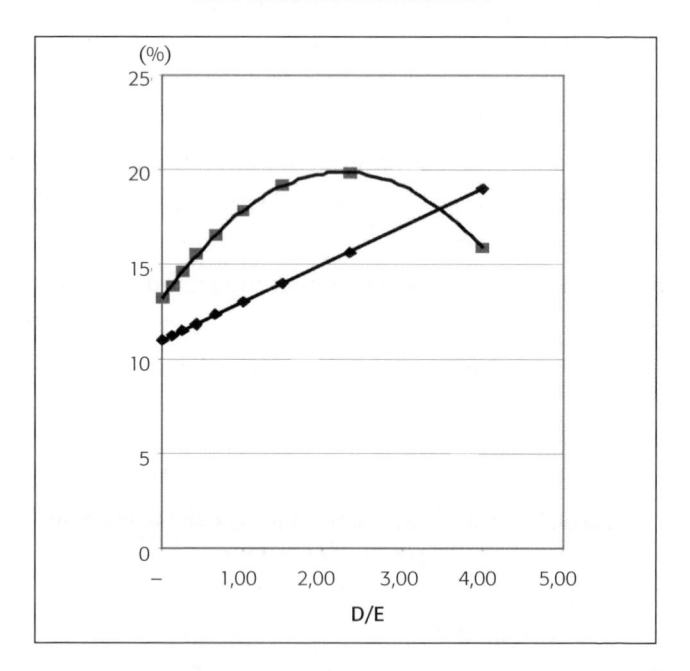

Uma vez apresentados os indicadores de rentabilidade, passamos à exposição do valor econômico adicionado.

Valor econômico adicionado

Todos os processos e sistemas mais importantes da empresa devem estar orientados à criação de valor. A criação de valor para o acionista, por exemplo, deve ser objetivo central na gestão da cadeia de suprimentos da empresa ou nas atividades de desenvolvimento de novos produtos.

O EVA® é o valor que a empresa agrega à riqueza dos acionistas e está baseado na premissa de que "para criar valor para os seus acionistas, as empresas devem gerar retornos sobre o capital investido que excedam o custo deste capital".

A história do EVA começa na década de 1980, em Nova York, quando foi desenvolvido pela empresa de consultoria Stern Stewart & Company. Juntamente com o EVA®, a empresa criou também o *market value added* (MVA®) ou valor de mercado adicionado, sendo os dois métodos marcas registradas da empresa.

Os termos EVA® e MVA® são exclusivos da consultoria, mas outros autores utilizam nomes diferentes para o mesmo conceito. Copeland, Koller e Murrin (2002) se referem ao "modelo de lucro econômico", ao passo que Rappaport (2001), à "criação de valor acionário".

A ideia por trás do EVA® é bastante simples: as empresas são realmente lucrativas e criam valor apenas quando o resultado nas operações é maior que o custo de todo o capital que utilizam para financiar suas operações. O índice do EVA® sinaliza se as estratégias financeiras implementadas agregaram valor, reforçando sua viabilidade econômica e a continuidade do empreendimento.

Em *The quest for value*, Bennett Stewart III apresenta o EVA® como lucro residual. No entanto, o lucro residual e o retorno mínimo de capital são conceitos antigos e conhecidos desde 1917, aparecendo pela primeira vez na literatura da contabilidade gerencial na década de 1960.

A cada ano, a revista *Fortune* divulga análises de empresas que, à luz dos conceitos do EVA®, conseguiram adicionar valor aos seus acionistas. Os artigos apresentam também as empresas que não adicionaram valor, além de comentários a respeito da atuação do desempenho econômico de cada uma delas. Os artigos da *Fortune* ajudam a divulgar o conceito e, ao mesmo tempo, mostram a performance das empresas dos EUA que adotaram essa nova concepção como forma de desempenho global, contrapondo-se àquelas que não a adotaram.

Surpreendentemente, muitos executivos de sociedades anônimas não têm nenhuma ideia de quanto capital estão utilizando, ou de quanto custa esse capital. O custo do capital obtido via endividamento é fácil de determinar, pois aparece nas demonstrações financeiras como despesas de juros; entretanto, o custo do capital próprio, que é, na realidade, maior do que o custo do capital obtido por endividamento, não aparece nas demonstrações financeiras. Assim, muitos gerentes consideram o capital próprio sem custo, mesmo que na verdade ele tenha um alto custo. Assim, até que uma equipe de gerentes determine o custo do capital de uma empresa, ela não pode saber se está cobrindo todos os custos e, portanto, acrescentando valor para os acionistas.

Ainda que o EVA® seja, talvez, um dos conceitos mais amplamente discutidos em finanças hoje, ele não é novo; a necessidade de ganhar mais do que o custo do capital é uma das ideias mais antigas no mundo dos negócios. No entanto, esta ideia frequentemente é deixada de lado por causa de um enfoque equivocado, centrado na contabilidade convencional. Em outras palavras, o EVA® é realmente apenas um caminho alternativo para se perceber o desempenho corporativo, mas as ideias básicas por trás dele não são novas. O EVA® é essencialmente uma reembalagem de princípios fundamentais de finanças corporativas e de gestão financeira que são conhecidos de longa data.

O EVA® se baseia na noção de lucro econômico (também conhecido como *lucro residual*), que considera que a riqueza é criada apenas quando a empresa cobre todos os seus custos operacionais e também o custo do capital. Ele mede a diferença, em termos monetários, entre o retorno sobre o capital de uma empresa e o custo deste capital. É, portanto, similar à mensuração contábil convencional do lucro, mas com uma importante diferença: o EVA® considera o custo de todo o capital, enquanto o lucro líquido divulgado nas demonstrações financeiras da empresa, apenas o custo do tipo mais visível de capital — os juros —, ignorando o custo do capital próprio.

O cálculo do EVA®

O cálculo do EVA® é:

Lucro da atividade (lucro antes dos juros e do imposto de renda) −
− Imposto de renda (que a empresa pagaria se não tivesse dívidas) =
= Lucro da atividade líquida após o imposto de renda (Nopat) −
− Custo do capital empregado = EVA®

onde:

❑ lucro da atividade ou *earnings before interest and tax* (Ebit) = lucro operacional antes das despesas financeiras e do imposto de renda;

❑ *net operating profit after tax* (Nopat) = lucro operacional líquido após imposto de renda (a taxa de imposto renda é aplicada ao Ebit ou LO);

❑ custo do capital empregado = capital investido × custo médio ponderado do capital.

O Nopat é o lucro operacional da empresa antes das despesas financeiras, líquido do imposto de renda e contribuição social.

O custo do capital empregado é igual ao capital investido vezes o custo médio ponderado do capital (CMPC), conhecido em inglês como *weight-average cost of capital* (WACC), que é igual à soma dos custos de cada componente de capital — dívidas de curto e longo prazos e patrimônio do acionista — ponderados por sua proporção relativa, a valor de mercado, na estrutura de capital da empresa.

O capital investido é a soma de todos os financiamentos da empresa, apartados dos passivos não onerosos de curto prazo, como contas a pagar, fornecedores e provisões para salários e obrigações fiscais. Ou seja, o capital investido é igual à soma do patrimônio líquido e dos empréstimos e financiamentos de curto e longo prazos.

O EVA® é apresentado como: "a renda residual ou lucros operacionais menos a taxa cobrada pelo uso do capital" (Stewart, 1991). A interpretação do resultado está ligada à criação de valor ou de riqueza. Uma empresa só cria valor quando o resultado líquido das suas operações é superior ao custo de capital para realizá-lo — EVA® positivo. Por outro lado, a situação contrária — EVA® negativo — é sinal de perda de valor ou de riqueza.

De acordo com Brigham e colaboradores (2001), uma empresa pode apurar lucros líquidos e ainda assim não ser lucrativa, no sentido econômico, porque não está cobrindo seu custo do capital próprio. O EVA® reconhece corretamente que, a fim de mensurar de forma adequada o desempenho de uma empresa, é necessário compreender e calcular o custo de todos os capitais empregados, inclusive os próprios.

A estrutura do balanço na aplicação do EVA®

O capital investido definido no EVA® pode ser detalhado por meio da demonstração do balanço patrimonial estruturado de acordo com os princípios adotados por esta medida de desempenho.

Na figura 23, a estrutura da esquerda é a de um balanço normal. Do lado esquerdo temos o ativo circulante e o ativo não circulante, e do lado direito, o passivo circulante, o passivo não circulante e o patrimônio líquido.

Figura 23
BALANÇO PATRIMONIAL PADRÃO E BALANÇO AJUSTADO

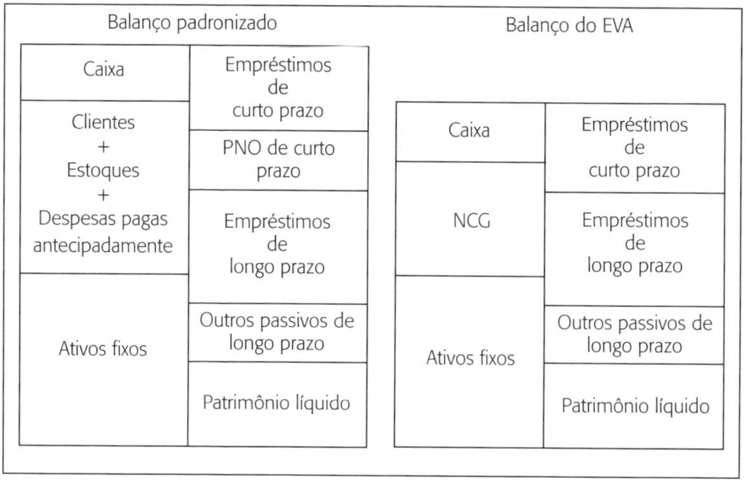

Balanço padronizado		Balanço do EVA	
Caixa	Empréstimos de curto prazo	Caixa	Empréstimos de curto prazo
Clientes + Estoques + Despesas pagas antecipadamente	PNO de curto prazo	NCG	Empréstimos de longo prazo
	Empréstimos de longo prazo		
Ativos fixos	Outros passivos de longo prazo	Ativos fixos	Outros passivos de longo prazo
	Patrimônio líquido		Patrimônio líquido

O'Byrne e Young (2003) apresentam o balanço da direita da mesma figura como um balanço ajustado para análise do EVA®, no qual os passivos não onerosos (PNO) de curto prazo são subtraídos dos ativos operacionais de curto prazo: estoques, contas a receber e despesas pagas antecipadamente. O lado esquerdo desse balanço costuma ser referido como "ativos líquidos" e o lado direito, "capital investido".

O ativo econômico operacional contempla o investimento no giro (NCG) mais o ativo imobilizado líquido, mais o ativo intangível líquido.

Embora quase todos os passivos sejam, em algum grau, onerosos (se não fosse assim, os credores da empresa, assumindo mercado competitivo, quebrariam), separar o componente juro de certas contas, como fornecedores, raramente justifica o esforço. Além disso, todo o custo de mercadorias e serviços comprados de fornecedores, inclusive a parcela de juros, está refletido ou no custo das mercadorias e serviços vendidos, ou nas despesas gerais, administrativas e de vendas. Consequentemente, a empresa é debitada, embora indiretamente, por tais custos financeiros.

O EVA® pode ser também calculado com base no *spread* entre o retorno sobre o capital empregado e o custo de capital, multiplicado pelo capital investido, conforme demonstrado a seguir:

$$EVA = Nopat - (capital\ investido \times CMPC)$$

Se dividirmos os dois lados da equação pelo capital empregado, teremos:

$$\frac{EVA}{Cap.\ empr.} = \frac{Nopat}{Cap.\ empr.} - \frac{(Cap.\ empr. \times CMPC)}{Cap.\ empr.}$$

$$EVA = Cap.\ empr. \times \left[\frac{Nopat}{Cap.\ empr.} - \frac{(capital\ investido \times CMPC)}{Cap.\ empr.}\right]$$

Como $Roce\ op = \dfrac{Nopat}{Cap.\ empr.}$, temos:

$$EVA = capital\ empregado \times (Roce\ op.\ depois\ dos\ impostos - CMPC)$$

Quando o Roce operacional após impostos for maior do que o CMPC, o EVA® será positivo. Do contrário, será negativo.

Roce versus EVA®

Ao definir o EVA® como a diferença entre o retorno gerado pelo capital empregado e o custo médio ponderado de capital aplicada sobre o capital investido, surge uma questão importante: por que não usar somente o Roce após impostos? O que o EVA® oferece a mais do que esta taxa de retorno?

O risco de usar o Roce em lugar do EVA® é a possibilidade de os gerentes divisionais dispensarem projetos geradores de valor por reduzirem o Roce (risco que ocorreria quando o Roce após impostos fosse maior que o CMPC), ou se engajarem em projetos destruidores de valor por aumentarem o Roce após impostos (o que ocorreria quando o Roce fosse menor do que o CMPC). Em qualquer dos casos, confiar apenas no Roce pode levar a um comportamento subótimo da firma.

Há poucos anos, a Apple Computer adotava, como medida de desempenho para avaliação de seus gestores, o Roce. No início dos anos 1990, o Roce da empresa, de 30%, estava entre os maiores das grandes empresas americanas. Em razão desse Roce elevado, os gerentes tornaram-se relutantes em fazer novos investimentos, deixando passar oportunidades com retornos esperados de 20%, apesar de estes excederem o custo de capital da companhia. Como resultado, a Apple sistematicamente subinvestiu, contribuindo para os grandes problemas que quase levaram a empresa à falência em 1997. Companhias mais sólidas podem ter superado os problemas decorrentes do uso de métricas inadequadas. Todavia, como descreveu o ex-CEO da Apple, Gil Amelio, havia muita coisa no caminho da Apple, especialmente em termos de sua cultura organizacional, cuja disfunção contribuiu para a erosão gradual de sua outrora forte posição na indústria de computadores. Escolher o índice inadequado como foco certamente não ajudou.

No fim dos anos 1970, a Coca-Cola também se focalizou em retornos percentuais não monetários. Embora desfrutando da marca mais famosa no mundo, os administradores da Coca-Cola relutaram em alavancar a empresa, por temer que produtos adicionais (como a versão *diet*) não tivessem os mesmos retornos elevados que a companhia historicamente vinha alcançando. Esse problema foi corrigido sob a liderança de Roberto Goizueta, um engenheiro químico que rapidamente aprendeu, após tornar-se CEO da Coca-Cola, que a chave para o sucesso não está na maximização do Roce, mas na maximização do EVA®.

O Roce representa um avanço importante entre os índices que as empresas normalmente utilizam para mensurar desempenho. Embora o custo do capital não esteja explicitamente mensurado pelo Roce, ele sinaliza para os gestores que há um custo para adquirir e manter ativos.

EVA® e as estimativas do custo de capital

O cálculo do EVA® é altamente sensível às estimativas do custo do capital. Infelizmente, jamais poderemos saber com precisão qual o custo do capital de uma empresa, uma vez que não se pode observar, diretamente, o valor do custo do capital próprio. Essa impossibilidade não significa, contudo, que deva haver desistência na tentativa de calcular este custo. Além disso, se as divisões internas da empresa se deparam com níveis de risco muito diferentes, seja porque operam em diferentes setores ou porque atuam em diferentes partes do mundo, os custos divisionais do capital também devem ser calculados. Nesse caso, a tarefa é ainda mais difícil do que o cálculo do capital para a corporação como um todo.

O custo do capital de qualquer investimento, seja em um projeto, em uma nova divisão ou em uma empresa como um todo, é a taxa de retorno que o provedor de capital esperaria receber se o seu dinheiro fosse investido em outro projeto, ativo ou empresa de risco semelhante. Em outras palavras, o custo do capital é um custo de oportunidade.

O custo de capital é baseado em retornos esperados, e não em retornos históricos. O componente risco é crucial para que se entenda o custo do capital e como ele é calculado. Os investidores devem ser remunerados por assumir riscos, o que é feito sob a forma de retornos mais elevados. É tão simples como parece. O que não é simples e requer conhecimento técnico sobre o funcionamento dos mercados de capitais é quanto os investidores esperam obter para que se sintam adequadamente compensados pelo risco.

No seu nível mais simples, o custo do capital próprio é o retorno que os investidores exigem para empregar recursos na empresa. O problema é que não se pode observar diretamente esse retorno exigido. No caso de um financiamento junto a terceiros, existe um contrato que estipula as condições da dívida, incluindo a taxa de juros, mas esse não é o caso do financiamento obtido dos acionistas. A única opção que resta aos gestores é tentar deduzir as exigências do investidor pela observação do comportamento do mercado de capitais.

O custo de capital de uma empresa é afetado por suas políticas de financiamento e de investimento. Assim, o custo do capital é determinado em parte pelo tipo de financiamento que a empresa utiliza, por sua política de dividendos e pelos tipos de projetos de investimento que ela empreende, os quais afetam seu grau de risco.

Esse esforço requer um modelo para identificar como os ativos de risco, como, por exemplo, as ações de uma empresa, são precificados pelo mercado. O mais popular desses modelos é conhecido como *capital asset pricing model* (CAPM), modelo de precificação de ativos de capital. A lógica deste modelo está baseada no fato de o retorno esperado em um ativo de risco — ações, por exemplo — ser igual ao retorno sobre um ativo sem risco mais um prêmio. O prêmio é igual ao prêmio de risco do mercado, que reflete o preço a ser pago pelo mercado de ações a todos os investidores, ajustado por beta, um fator de risco de cada empresa.

O CAPM é um modelo baseado em expectativas, no que os investidores esperam que aconteça, e não no que já aconteceu. Infelizmente, não se pode observar expectativas; pode-se apenas estimá-las ou deduzi-las a partir do comportamento dos investidores no mercado de ações. Além disso, determinar o ativo livre de risco adequado, o prêmio de risco do mercado e o cálculo do beta da empresa requer julgamentos e interpretações que podem levar a diferentes conclusões.

Uma vez que diferentes formas de financiar uma empresa implicam riscos distintos para os investidores, os custos para a empresa emitente dos títulos da dívida são também diferentes. Mas o custo do capital de uma empresa não é função somente do custo de remuneração dos capitais de terceiros e próprio, mas também do volume de cada uma dessas fontes na estrutura de capital da firma. Essa relação está incorporada no custo médio ponderado do capital, popularmente conhecido como CMPC, citado anteriormente.

Para calcular o CMPC, necessário ao cálculo do EVA®, torna-se fundamental o conhecimento das seguintes variáveis:

❑ volume da dívida junto a credores em relação à estrutura de capital, valorado a mercado (de preferência) ou a valor contábil;
❑ montante de capital próprio em relação à estrutura de capital, valorado a mercado (de preferência) ou a valor contábil;
❑ custo da dívida com credores;
❑ alíquota de imposto de renda mais contribuição social;
❑ custo do capital próprio.

As ponderações para as dívidas junto a credores e para o capital próprio devem ser baseadas em valor de mercado preferencialmente, em lugar dos registros contábeis, uma vez que o objetivo é saber quanto custará à empresa levantar capital hoje junto ao mercado. Algumas empresas ignoram tanto as ponderações baseadas em mercado quanto os registros contábeis, utilizando, em lugar delas, pesos meta. A lógica desta abordagem é que, mesmo que a estrutura de capital da empresa se desvie da meta, o que normalmente acontece, as decisões futuras de financiamento farão com que a estrutura de capital se aproxime da meta.

O CMPC é calculado da seguinte forma:

CMPC = (dívida com credores/financiamento total) × (custo da dívida junto a credores) × (1 − alíquota de imposto de renda) + (dívida com os acionistas/financiamento total) × (custo do capital dos acionistas)

A alíquota do imposto de renda e contribuição social da corporação é importante, para fins do CMPC, porque a despesa financeira é dedutível fiscalmente. Como visto, as quatro primeiras variáveis para o cálculo do CMPC, portanto, ou são diretamente observáveis, ou quase isso. O problema maior é a identificação do custo do capital próprio.

EVA® e a avaliação de empresa

Nesta seção, pretende-se demonstrar a utilização do EVA® para medir a capacidade que a empresa tem para agregar valor para o seu acionista. Para tanto, calcularemos o EVA® da nossa empresa exemplo para o quarto ano.

O modelo hipotético a ser utilizado baseia-se nos dados apresentados nas demonstrações econômico-financeiras da empresa ABC, conforme as tabelas 41 a 43.

Tabela 41
EVOLUÇÃO DA DEMONSTRAÇÃO DE RESULTADOS

Demonstração de resultados	Ano 1	Ano 2	Ano 3	Ano 4
Vendas brutas	595.197	487.890	489.030	547.714
– Impostos s/ vendas	95.232	78.062	78.245	87.635
Vendas líquidas	499.965	409.828	410.785	460.079
– Custo dos prod. vendidos	365.245	320.745	326.790	347.915
Lucro bruto	134.720	89.083	83.995	112.164
– Despesas comerciais	54.345	44.408	48.978	54.789
– Despesas administrativas	43.723	38.789	23.589	24.569
Lucro da atividade	36.652	5.886	11.428	32.806
+ Receitas financeiras	1.565	984	821	1.176
– Despesas financeiras	12.436	29.732	39.146	15.483
Lucro antes do imp. de renda	25.781	(22.862)	(26.897)	18.499
– Imposto de renda e CSLL	8.766	–	–	4.403
Lucro líquido	17.015	(22.862)	(26.897)	14.096

Tabela 42
EVOLUÇÃO DO ATIVO

Ativo	Ano 1	Ano 2	Ano 3	Ano 4
Aplicações financeiras	6.352	–	42.492	1.721
Duplicatas a receber	75.493	55.678	45.674	48.903
Estoques	43.533	53.246	36.789	32.124
Despesas antecipadas	1.232	2.368	7.654	5.439
Ativo circulante	126.610	111.292	132.609	88.187
Companhias ligadas	5.694	8.036	9.270	11.393
Outros	1.273	887	5.312	5.312
RLP	6.967	8.923	14.582	16.705
Ativo imobilizado	178.437	179.038	172.100	221.245
Ativo intangível	1.582	1.893	2.202	2.508
Ativo total	313.596	301.146	321.493	328.645

Tabela 43
EVOLUÇÃO DO PASSIVO

Passivo + Patrimônio líquido	Ano 1	Ano 2	Ano 3	Ano 4
Empréstimos	2.200	39.409	4.600	8.874
Obrigações fiscais	8.904	7.890	16.785	9.084
Imposto de renda	2.191	–	–	1.101
Fornecedores	26.260	9.896	11.231	13.487
Salários e encargos	4.443	4.333	4.500	4.583
Dividendos	4.254	–	–	3.524
Contas a pagar	2.666	2.600	2.700	2.750
Passivo circulante	50.918	64.128	39.816	43.403
Financiamentos	50.586	46.186	76.586	67.712
Companhias ligadas	8.252	9.834	10.942	12.596
Outros	16	36	84	296
Passivo não circulante	58.854	56.056	87.612	80.604
Capital social	108.050	108.050	148.050	148.050
Reservas	95.774	72.912	46.015	56.588
Patrimônio líquido	203.824	180.962	194.065	204.638
Passivo + Patrimônio líquido	313.596	301.146	321.493	328.645

O primeiro passo seria apresentarmos o balanço ajustado para o cálculo do EVA®, conforme as tabelas 44 e 45.

Tabela 44
BALANÇO PATRIMONIAL AJUSTADO: ATIVO

Ativo	Ano 1	Ano 2	Ano 3	Ano 4
Aplicações financeiras	6.352	–	42.492	1.721
NCG	77.986	86.573	54.901	56.562
Companhias ligadas	5.694	8.036	9.270	11.393
Outros ativos longo prazo	1.273	887	5.312	5.312
Imobilizado líquido	178.437	179.038	172.100	221.245
Intangível líquido	1.582	1.892	2.202	2.508
Total	271.324	276.426	286.277	298.740

Tabela 45
BALANÇO PATRIMONIAL AJUSTADO: PASSIVO

Passivo	Ano 1	Ano 2	Ano 3	Ano 4
Emp. e financiamentos	2.200	39.409	4.600	8.874
Imposto de renda	2.191	–	–	1.101
Dividendos	4.254	–	–	3.524
Financ. longo prazo	50.586	46.186	76.586	67.712
Cias. ligadas longo prazo	8.252	9.834	10.942	12.596
Outros longo prazo	16	35	84	296
Patrimônio líquido	203.824	180.962	194.065	204.638
Total	271.324	276.426	286.277	298.740

Podemos verificar que, no balanço ajustado, temos, no lado esquerdo, ativos operacionais (NCG, imobilizado e intangível) e ativos não operacionais (aplicações financeiras, caixa, empréstimos a coligadas e outros ativos). Ativos não operacionais são todos os investimentos que não geram receitas operacionais para a empresa. Nesse contexto, devemos "desmembrar" o balanço patrimonial ajustado e a demonstração do resultado em dois, para que possamos calcular adequadamente o EVA® de cada um deles.

Calculemos inicialmente o EVA® a partir do ativo operacional. Para isso vamos supor que o custo médio ponderado de capital é de 13,27% ao ano (participação do capital de terceiros igual a 35%, custo do capital de terceiros líquido de impostos igual a 11,9% ao ano, participação do capital próprio igual a 65% e o custo do capital próprio é de 14% ao ano).

Consideramos uma alíquota de imposto de renda mais contribuição social de 23,8%, menor do que os 34% devido à compensação de prejuízos fiscais acumulados (nesse caso, a base de cálculo dos tributos pode ser reduzida em até 30% e, com isso, a alíquota cai até 23,8%). Para calcular o custo do capital empregado, multiplicamos o custo médio ponderado de capital (13,27%) sobre o capital investido médio (R$ 254.759 = R$ 229.203 + R$ 280.314)/2).

Tabela 46
BALANÇO AJUSTADO: ATIVO SIMPLIFICADO ANOS 3 E 4

Balanço ajustado	Ano 3	Ano 4
NCG	54.901	56.562
Imobilizado líquido	172.100	221.244
Intangível líquido	2.202	2.508
Total	229.203	280.314
Passivo financeiro	92.212	94.103
Patrimônio líquido	136.991	186.211
Total	229.203	280.314

Tabela 47
DEMONSTRAÇÃO DO EVA OPERACIONAL

EVA® operacional	Ano 4
Lucro da atividade	32.806
– Imposto de renda e CSLL	7.808
Nopat	24.998
– Custo do capital empregado	33.806
EVA®	(8.808)

Assim, apesar do resultado líquido positivo no quarto ano, a empresa gerou um EVA® operacional negativo igual a R$ 8.808.

O EVA® a partir do ativo não operacional é demonstrado a seguir, a partir do balanço ajustado não operacional, conforme apresentado na tabela 48.

Tabela 48
DEMONSTRAÇÃO DO BALANÇO AJUSTADO NÃO OPERACIONAL

Balanço ajustado não operacional	Ano 3	Ano 4
Aplicações financeiras	42.492	1.721
Companhias ligadas	9.270	11.393
Outros ativos longo prazo	5.312	5.312
Total	57.074	18.426
Patrimônio líquido	57.074	18.426

Consideramos uma alíquota de imposto de renda mais contribuição social de 23,8% devido à compensação de prejuízos fiscais acumulados. Para calcular o custo do capital empregado, multiplicamos o custo do capital próprio (pois supomos que o capital de terceiros financia apenas o ativo operacional) sobre o capital investido médio (R$ 37.750 = (R$ 57.074 + R$ 18.426)/2). Assim, o EVA® não operacional ficou negativo em R$ 4.389, conforme apresentado na tabela 49.

Tabela 49
DEMONSTRAÇÃO DO EVA® NÃO OPERACIONAL

EVA® não operacional	Ano 4
Receita financeira	1.176
– Imposto de renda e CSLL	280
Receita financeira líquida	896
– CCP	5.285
EVA® não operacional	(4.389)

O EVA® consolidado é igual ao EVA® operacional mais o EVA® não operacional. O valor obtido no quarto ano é negativo em R$ 13.197. Assim, concluímos que no quarto ano, apesar de a Cia. ABC ter gerado resultado líquido positivo, este não foi suficiente para cobrir o custo do acionista, ou seja, gerou ainda um EVA® negativo.

O conceito do EVA® pode ser utilizado como uma ferramenta de gestão empresarial a fim de dar suporte às decisões de investimentos e financiamentos, e com o objetivo final de agregar riqueza para os acionistas. A seguir são apresentadas diferentes alternativas para melhorar o EVA® de uma empresa:

❏ redução dos estoques ao mínimo necessário, sem prejudicar a produção e as vendas da empresa;
❏ aumento da margem bruta através da melhora do *mix* de produção;
❏ combinação ótima de preços de venda, prazos concedidos e qualidade dos produtos, a fim de elevar as vendas sem precisar realizar grandes investimentos, aumentando consequentemente o giro do ativo;
❏ redução da NCG através do alongamento do prazo de pagamento a fornecedores. Naturalmente essa opção será viável desde que os juros embutidos no preço de compra sejam mais baixos do que aqueles com que a empresa vem se financiando no mercado financeiro;
❏ alongamento do perfil da dívida através da emissão de títulos no longo prazo a taxas mais baixas do que aqueles com que a empresa vem se financiando;
❏ redução das despesas administrativas e comerciais.

Contexto dinâmico versus contexto estático

Na ânsia de aumentar o EVA®, os gerentes podem estar elevando apenas o valor desta métrica, mas não agregando valor de tal forma que o mesmo tenha sustentação a longo prazo. Processo de *downsizing*, que significa uma redução no tamanho da organização, geralmente produzida pela diminuição no número de funcionários diretos, com o objetivo de poupar custo e aumentar a flexibilidade e a adaptabilidade de uma empresa, isto é, crescimento no EVA® sem aumento das receitas ou sinônimo de eficiência operacional, levaria a deturpar os reais objetivos da empresa. Certamente seria mais útil para os investidores o crescimento do EVA® devido ao aumento das vendas.

A questão baseia-se na seguinte pergunta: os administradores estariam efetuando uma redução temporária de custos discricionários, ou uma efetiva revisão de processos que permita a real geração de valor para os acionistas?

É importante evitar um desalinhamento entre os interesses dos administradores e dos acionistas. Um plano de bonificações mal engendrado, mesmo quando baseado no EVA®, pode gerar incentivos para maximizar os resultados de curto prazo, sem levar em conta o longo prazo. O EVA® futuro e, portanto, o valor acionário podem até ser prejudicados para que se produza um EVA® mais alto no curto prazo. Em outras palavras, mesmo quando os administradores são pagos com base no EVA®, o alinhamento entre os administradores e os acionistas está longe de estar garantido.

Desse conflito de objetivos da empresa e pessoais surge o que tem sido chamado de problema de *agency* — a possibilidade de os administradores colocarem seus objetivos pessoais à frente da empresa.[6]

Como o EVA® corrente pode ser maximizado à custa dos EVAs® futuros, os planos de bonificações baseados no EVA® foram evoluindo, criando-se um conjunto de instrumentos que permita o alinhamento administrador-acionista mais próximo de ser atingido, como a remuneração diferida na forma de "ban-

---

[6] O problema de *agency* e questões correlacionadas foram inicialmente abordados por Michael e William, 1976.

cos de bonificação", que desencorajam os administradores que podem deixar a empresa ao maximizarem o EVA® corrente em detrimento do EVA® futuro (O'Byrne e Young, 2003).

O EVA® é apenas uma métrica financeira; nunca poderá responder, por exemplo, se a firma deve posicionar-se de modo agressivo ou conservador em relação à concorrência, ou como enfrentar as iniciativas da concorrência em termos de inovação de produtos, preços e publicidade.

Além disso, os índices de desempenho podem diferir consideravelmente a cada estágio do ciclo de vida de um negócio, seja na fase de crescimento, de sustentação ou de resultados.

Negócios em expansão estão num primeiro estágio do desenvolvimento de um negócio, pois têm produtos ou serviços com significativo potencial de crescimento. Para realizar essa possibilidade, a empresa terá que investir no lançamento de novos produtos e serviços, construir e expandir as instalações produtivas, investir no desenvolvimento de sistemas, investir em infraestrutura e redes de distribuição etc. Nesse contexto, é natural que a empresa trabalhe com uma baixa rentabilidade sobre o capital empregado e, naturalmente, com um EVA® negativo.

Na fase de sustentação, a empresa realizará menos investimentos do que na fase anterior. Os acionistas exigirão fortes aumentos no retorno sobre o capital empregado. Os administradores são orientados a maximizar as vendas para um dado capital empregado (maximização do giro), maximizar as margens (via redução de custos) ou combinar melhor margem e giro a fim de maximizar o retorno.

Na terceira fase (de resultados) já não são necessários tantos investimentos, mas apenas em manutenção, ou seja, o suficiente para manter instalações e equipamentos. Os projetos preferíveis são aqueles de baixo *payback*, e o principal objetivo é ampliar ou garantir o retorno.

Nesse contexto, nenhuma empresa deveria utilizar uma única medida para mensurar o desempenho. Diferentes medidas servem a diferentes propósitos. Por exemplo, algumas medidas nos ajudam a entender o que os mercados de capitais pensam sobre a empresa, incluindo a qualidade de sua gestão e o seu potencial para crescer em geração de valor. Outras medidas podem ser utilizadas para estabelecer uma comunicação com os investidores, para avaliar o desempenho anual ou mensal da corporação, ou para criar uma profunda cultura de criação de valor na organização.

Uma das razões da grande e persistente popularidade das medidas de lucro por ação (LPA) e lucro líquido é que os analistas continuam a utilizá-las em seus modelos de avaliação. Consequentemente, essas medidas são largamente utilizadas, junto com o Ebitda, no sistema de comunicação da corporação com seus investidores.

Mais importante do que focar as métricas é direcionar os esforços da empresa para melhor administração de seus ativos e fontes de financiamento. As empresas podem fundear os processos de crescimento em tempos de custo de capital elevado e dificuldades maiores de obtenção de linhas de financiamento de longo prazo ao explorarem melhor as reservas de caixa "escondidas" nos balanços.

Os executivos, antes de utilizarem métricas de desempenho para tomarem decisões, devem entender o efeito de suas decisões no sucesso da empresa. Para crescer é preciso que a empresa invista, e para isso é preciso que tenha recursos. Quanto mais recursos sobrarem pela correta administração do capital de giro, menos financiamentos serão necessários, e a própria empresa, pela gestão eficaz de sua operação, estará gerando recursos que serão reinvestidos, agregando-se verdadeiramente valor para seus acionistas.

A maioria das empresas até hoje continua tendo foco no esforço para melhorar a sua gestão do capital de giro. A melhora da logística com os fornecedores de recursos, a maior rapidez no recebimento de dinheiro dos clientes, ou seja, a gestão dos componentes do capital de giro — contas a receber, estoques e contas a pagar — propicia melhora de performance e consequente maximização do EVA®, sem que se foque obrigatoriamente o índice. Antes de utilizarem indicadores, os executivos precisam conhecer os conceitos de finanças que os norteiam para que o negócio cresça e, consequentemente, reflita-se nos índices de desempenho. As métricas de desempenho são um espelho do estilo da gestão e dos relacionamentos de trabalho da empresa.

Valor de mercado agregado ou *market value added* (MVA®)

A própria Stern & Stewart registrou uma outra marca denominada MVA®, ou valor de mercado agregado, que seria o valor atual dos EVAs® projetados trazidos a valor presente pelo custo médio ponderado de capital da empresa. O MVA® também pode ser deduzido pela diferença entre o valor econômico da empresa (com base no método do fluxo de caixa descontado) e o valor de seus investimentos de acordo com o mercado. Se o MVA® for positivo, indica que a empresa agrega valor a longo prazo para os seus acionistas.

Figura 24
MVA — *MARKET VALUE ADDED*

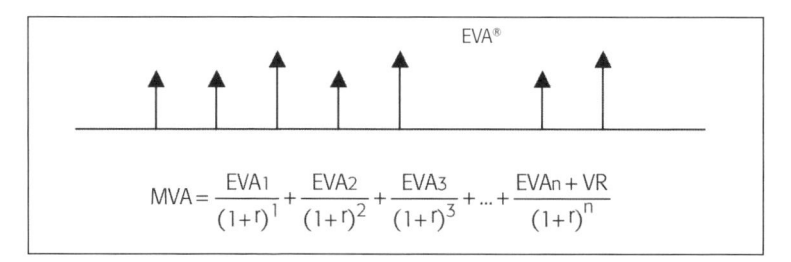

$$MVA = \frac{EVA_1}{(1+r)^1} + \frac{EVA_2}{(1+r)^2} + \frac{EVA_3}{(1+r)^3} + \ldots + \frac{EVA_n + VR}{(1+r)^n}$$

onde:
- r = custo médio ponderado de capital;
- valor econômico da empresa = MVA® + ativo econômico;
- valor econômico da empresa para o acionista = valor econômico da empresa – dívidas + investimentos não operacionais.

Num contexto dinâmico, o que vale é a maximização da riqueza dos acionistas, que pode depender da renúncia de lucros atuais em troca de lucros futuros. Como as decisões empresariais não são tomadas em um quadro estático, deve-se priorizar o fluxo de lucros econômicos futuros descontados ao seu valor atual.

Considerações finais

Neste capítulo apresentamos o modelo de análise econômica de empresas, com destaque para o valor econômico adicionado, base para determinação do valor econômico da empresa.

Conclusão

As técnicas de análise apresentadas neste livro nos permitem concluir que existem um entendimento e uma associação de ideias entre livros comerciais e a contabilidade que leva à análise do estado de solvência e não da liquidez, quando eles abordam somente os métodos convencionais de análise das demonstrações contábeis. Neste texto mostramos também que as limitações de algumas dessas ferramentas convencionais geram algumas dúvidas, pois a superficialidade das informações obtidas por esses meios torna temerária a inferência sobre a situação econômico-financeira futura das empresas analisadas.

Este perfil nos levou a uma reestruturação do enfoque da análise contábil tradicional, que, segundo nosso entendimento, privilegia muito mais uma visão estática da empresa do que sua dinâmica operacional. Para nós, isto fica refletido nos próprios conceitos de liquidez, que muitas vezes traduzem uma falsa imagem de estabilidade pela incorporação de ativos que só se iriam materializar no seu fechamento, vale dizer, na sua falência. O mais grave é que isto tudo está permeado por uma visão empresarial individualista, sobrepondo-se à função social da empresa, que não foi feita para fechar a critério do dono, mas para subsistir, crescer com o país e gerar empregos.

De modo muito amplo, podemos dizer que a aplicação das diversas técnicas aqui mostradas, sobre os vários balanços e demonstrações contábeis, permite que se faça não só a análise de liquidez, como também a análise de lucratividade, sua evolução e quais suas ligações com a estrutura do negócio. Permite, também, identificar, por análise comparativa, em que pontos houve deterioração no desempenho da organização.

Finalizando, gostaríamos de dizer que acreditamos que os métodos convencionais de análise foram, são e continuarão sendo utilizados por muito tempo. Entretanto, julgamos necessário que tanto esses instrumentos analíticos convencionais quanto aqueles que são considerados inovadores sejam sistematicamente questionados e submetidos a testes, a fim de que conheçamos suas potencialidades de nos possibilitar fazer algumas estimativas sobre as capacidades de crescimento e sobrevivência no longo prazo das empresas, o que efetivamente representa o teste crucial de qualquer teoria.

Referências

ABOIM COSTA, Luiz Guilherme; ABOIM COSTA, Luiz Rodolfo; ALVIM, Marcelo A. *Valuation*: manual de avaliação e reestruturação econômica de empresas. 1. ed. São Paulo: Atlas, 2010.

ASSAF NETO, Alexandre. *Estrutura e análise de balanços*: um enfoque econômico-financeiro. 3. ed. São Paulo: Atlas, 1987.

BRAGA, Roberto. *Fundamentos e técnicas de administração financeira.* São Paulo: Atlas, 1988.

_____. *Análise avançada do capital de giro.* São Paulo: Fipecafi, 1991. (Caderno de Estudos).

BRASIL, Haroldo Vinagre. *Gestão financeira das empresas.* Rio de Janeiro: QualityMark, 2002.

BRIGHAM, Eugene F.; GAPENSKI, Louis C.; EHRHARDT, Michael C. *Administração financeira.* São Paulo: Atlas, 2001.

_____; WESTON, J. Fred. *Administração financeira.* 10. ed. São Paulo: Makron Books, 2001.

COPELAND, Tonn; KOLLER, Tim; MURRIN, Jack. *Avaliação de empresas. Valuation.* Calculando e gerenciando o valor das empresas. 3. ed. São Paulo: Makron Books, 2002.

COSTA MARQUES, José Augusto Veiga da. *Análise financeira das empresas*. Rio de Janeiro: UFRJ, 2004.

DAMODARAN, Aswath. *Avaliação de investimentos*: ferramentas e técnicas para a determinação de qualquer ativo. Rio de Janeiro: Quality Mark, 1997.

FLEURIET, Michel. *O modelo Fleuriet*. Rio de Janeiro: Campus, 2003.

_____; KEHDY, Ricardo; BLANC, Georges. *A dinâmica financeira das empresas brasileiras*. Belo Horizonte: Fundação Dom Cabral, 1980.

LEITE, H. de Paula. *Introdução à administração financeira*. São Paulo: Atlas, 1994.

_____; HOPP, J. Carlos. O mito da liquidez. *Revista de Administração de Empresas*, out./dez. 1989.

_____;_____. *Administração financeira*. São Paulo: Atlas, 1991.

LEONE, George Guerra. *Custos*: um enfoque administrativo. 11. ed. Rio de Janeiro: Fundação Getulio Vargas, 1995.

MARQUES, J. Augusto Veiga da Costa. *Estudo da liquidez e solvência empresarial*: uma avaliação do comportamento das taxas de recuperação do caixa das companhias industriais nacionais. 1995. Tese (Doutorado) — Escola de Administração de Empresas de São Paulo/Fundação Getulio Vargas, São Paulo, 1995.

_____. *Análise financeira das empresas*: liquidez, retorno e criação de valor. Rio de Janeiro: UFRJ, 2004.

MARTINS, Eliseu; IUDÍCIBUS, Sérgio de; GELBCKE, Ernesto Rubens. *Manual de contabilidade das sociedades por ações*. São Paulo: Fipecafi, 1992.

MATARAZZO, Dante C. *Análise financeira de balanço*. São Paulo: Atlas, 1987.

MICHAEL, C. Jensen; WILLIAM, H. Meckling. Theory of the firm: managerial behavior, agency cost and ownership structure. *Journal of Financial Economics*, v. 3, p. 305-360, 1976.

NEWTON, Isaac. *Philosophiae naturalis principia mathematica*. Cambridge: [s. n.], 1687.

O'BYRNE, Stephen F.; YOUNG, S. David. *EVA e gestão baseada em valor: guia prático para implementação*. Porto Alegre: Bookman, 2003.

RAPPAPORT, A. *Gerando valor para o acionista*. São Paulo: Atlas, 2001.

SILVA, José Pereira. *Análise financeira das empresas*. São Paulo: Atlas, 2001.

STEWART, G. Bennett III. *The quest of value*. New York: Harper Business, 1991.

VIEIRA, Marcos Villela. *Administração estratégica de capital de giro*.

Os autores

Luiz Guilherme Tinoco Aboim Costa

Mestre em engenharia de produção pela Universidade Federal Fluminense (UFF), pós-graduado em economia pela UFF e em engenharia econômica pela Universidade Federal do Rio de Janeiro (UFRJ) e economista pela Universidade do Estado do Rio de Janeiro (Uerj). Consultor, tendo realizado nos últimos anos trabalhos de consultoria para as seguintes empresas: Banco do Brasil, Copesul, Previ-BB, Grupo Paranapanema, Caraíba de Metais, Votorantim Metais, Grupo Espírito Santo (Portugal), Portobello, Grupo Fosfértil, Unimed-Rio, Caixa-RS entre outras. Consultor de viabilidade econômica da FGV Projetos. Ex-professor da PUC-Rio. Professor convidado dos MBAs em finanças e gestão empresarial do FGV Management, Ibmec e de cursos de pós-graduação *lato sensu* da UFRJ. Foi membro do Conselho Fiscal da Sadia e do Banco do Brasil. Coautor do livro *Valuation: Manual de avaliação e reestruturação econômica de empresas*.

Andréia Fátima Fernandes Limeira

Mestra em ciências contábeis pela Uerj, pós-graduada em administração financeira pelo Instituto Brasileiro de Mercado de Capitais (Ibmec) e contadora pela Uerj. Sua experiência profissional inclui os cargos de gerente administrativa e financeira da Unisys Brasil, assessora financeira da Cia. Brasileira de Petróleo Ipiranga e consultora financeira do Banco Bozano Simonsen. Professora em cursos de administração, ciências contábeis e economia, bem como consultora de diversas empresas. Professora convidada dos MBAs em finanças e gestão empresarial do FGV Management.

Hiram de Melo Gonçalves

Mestre em ciências contábeis pela Uerj, graduado em ciências navais pela Escola Naval e em administração de empresas pela Sociedade Superior de Educação e Cultura do Rio de Janeiro. Professor convidado do FGV Management.

Ueliton Tarcisio de Carvalho

Mestre em ciências contábeis pela Uerj, economista pela Universidade Gama Filho (UGF), com cursos de extensão universitária em mercado de capitais pelo Ibmec e pelo Institut Européen D'Administration des Affaires (Insead). Professor universitário desde 1979. Professor convidado do FGV Management e da UFF para cursos de MBA, auditor externo da Bolsa de Valores do Rio de Janeiro, chefe da controladoria da Diretoria Regional de Niterói da Empresa Brasileira de Correios e Telégrafos (1978-1982). Coautor, pelo Instituto Nacional de Investidores (INI), do livro *Como constituir e administrar um clube de investimento rentável*.

Este livro foi impresso nas oficinas gráficas da Editora Vozes Ltda.,
Rua Frei Luís, 100 – Petrópolis, RJ.